现代图书馆管理创新研究

刘春节 著

中国财富出版社有限公司

图书在版编目(CIP)数据

现代图书馆管理创新研究 / 刘春节著. — 北京 : 中国财富出版社有限公司, 2020.7

ISBN 978-7-5047-7179-7

Ⅰ. ①现… Ⅱ. ①刘… Ⅲ. ①图书馆管理—创新管理—研究 Ⅳ. ①G251

中国版本图书馆 CIP 数据核字(2020)第 108645 号

策划编辑 谷秀莉　　**责任编辑** 邢有涛　于珊珊

责任印制 尚立业　　**责任校对** 孙丽丽　　**责任发行** 杨　江

出版发行 中国财富出版社有限公司

社　　址 北京市丰台区南四环西路 188 号 5 区 20 楼　　**邮政编码** 100070

电　　话 010-52227588 转 2098（发行部）　　010-52227588 转 321(总编室)

传　　真 010-52227588 转 100(读者服务部)　　010-52227588 转 305(质检部)

网　　址 http://www.cfpress.com.cn　　**排　　版** 中图时代

经　　销 新华书店　　**印　　刷** 河北文盛印刷有限公司

书　　号 ISBN 978-7-5047-7179-7/G·0747

开　　本 710 mm×1000 mm　1/16　　**版　　次** 2021 年 6 月第 1 版

印　　张 11.75　　**印　　次** 2021 年 6 月第 1 次印刷

字　　数 184 千字　　**定　　价** 58.00 元

前　言

随着改革开放的持续深入，我国的综合国力得到极大的增强，党和国家把以图书馆为重心的社会公共文化服务体系的建设提升到重要位置上。图书馆作为一个专门收集、整理、保存、传播文献信息资源的公益性服务组织机构，一个重要的知识信息集散地，有责任为国家建设中科学、文化、教育和科研工作提供更高层次的服务，满足人们的信息需求。

近年来，知识经济的崛起以及信息资源网络化的迅速发展，给我国各行各业带来了新的发展机遇和挑战。在这种新的形势下，图书馆如何应对才能更好、更快地持续发展，这是图书馆界非常关注和值得探讨的重大课题。

图书馆管理近年来自觉引入了现代管理理念，为管理者带来了诸多新视角，对扩展图书馆管理思路、丰富图书馆管理理论、指导图书馆管理实践具有不可忽视的作用，也给图书馆发展注入了新的活力。本书适当地引用管理理论的研究思维，结合我国图书馆目前的实际情况，对图书馆管理理论和实践进行探讨，以达到多角度、多方法研究这一重大课题的目的。

本书从图书馆定义的解读入手，在管理理论的基础上对我国现代图书馆管理体系的若干方面进行了研究，分析了图书馆管理体系中存在的一些问题，对图书馆管理体系的建设提出了一些新的看法和观点。本书从现代图书馆概述、我国现代图书馆发展中的问题、我国现代图书馆管理体系、我国现代图书馆行政管理、我国现代图书馆服务管理、我国现代图书馆危机管理方面进行了阐述，力争在有限的范围内对现代图书馆管理体系做深入的研究。

在本书的写作过程中，作者参考了国内外众多专家学者的大量研究成果，得到了单位领导、同事和同行专家们的大力支持和帮助。在此，谨向所有给予本书关心、支持和帮助的同志们，以及参阅和引用过他们研究成果的专家学者们，一并致以衷心的感谢！

由于时间紧迫，书中难免有不妥乃至错漏之处，敬请专家和读者批评指正。

作者

2020 年 2 月

目　录

第一章　现代图书馆概述

第一节　图书馆管理概述

现代图书馆管理是人类现代管理活动的重要组成部分。作为一门新兴的交叉学科,现代图书馆管理是现代管理学理论与当代图书馆管理实践有机结合的产物。与传统的图书馆管理相比,现代图书馆管理已经显现出许多新的内容与特点。

一、现代图书馆管理定义综述

对于图书馆管理的定义,不同的研究者在不同的时间、不同的背景下,存在着不同的认识。所有这些不同,或者是出于不同的观察与认识角度,或者是理论选择与使用的不同。归纳起来,近年来人们对有关图书馆管理定义的阐述主要有以下几种。

原国家教委高教司[①]《图书馆管理学教学大纲》中对图书馆管理的概述:以图书馆发展的客观规律为依据,遵循管理工作的内容与程序,建立优化的管理系统、合理配置和利用图书馆资源,实现其社会职能的控制过程。

潘寅生指出:图书馆管理是遵循图书馆工作的客观规律,通过计划、组织、协调、指挥等手段,合理配置和使用图书馆资源,以达到预期目标,满足读者知识信息需求的一种活动。

谭祥金认为:图书馆管理是图书馆通过专门的机构和人员,合理配置和使用图书馆资源,达到预期目标的过程。

---

① 中华人民共和国国家教育委员会高等教育司。1998 年经国务院机构改革,中华人民共和国国家教育委员会更名为中华人民共和国教育部。

刘喜申认为:图书馆管理是指图书馆的主管者通过实施决策、组织、领导、控制和创新等职能,来协调工作人员的行为,以达到图书馆预期目标的活动过程。

吴慰慈认为:图书馆管理是对图书馆的文献信息、人力、财金、物质资源,通过计划和决策、组织、领导、控制、协调等一系列过程,来有效地达成图书馆的目标的活动。

以上几种说法虽然都有一定的合理性,但同时也存在一定的局限性,其最主要的不足是对现代管理理论应用不够,而且仅限于管理的职能方面,不可避免地与时代有些脱节。在当今信息时代,探讨现代图书馆管理的定义必须要有时代特色,要紧紧跟上现代管理学的发展步伐。为此,本书提出以下关于现代图书馆管理的定义:

现代图书馆管理就是全面运用现代管理理论,用以指导现代图书馆的全部活动,提升现代图书馆管理水平的整个过程。

二、现代图书馆管理的内容和特征

图书馆管理实践的存在虽然由来已久,但自觉导入现代管理理论、用以指导图书馆管理实践却是近些年的事情。现代图书馆管理无论是在内容方面还是在特征方面,与传统图书馆管理相比都发生了很大的变化,增添了许多内容。

(一)现代图书馆管理的内容

现代图书馆管理既然是全面运用现代管理理论,用以指导现代图书馆的全部活动,提升现代图书馆管理水平的整个过程,就必然会有许多内容是传统图书馆管理所不具备的。即使有些管理内容早已有之,但在现代图书馆管理中,其内涵和外延也都有了新的变化。

现代图书馆管理将秉承这样一个原则,即现代图书馆虽然是一个非营利性的公益性服务组织机构,但其在管理理论的适用方面,还是能够与其他行业同步的,或者说,在其他行业中被证明是可行的管理理论,或早或晚都可以被引入现代图书馆的管理实践。

从这个角度出发我们可以看到，现代图书馆管理除了要用新的理念、新的方法来研究传统图书馆管理所要研究的内容之外，更应该关注一些新的问题，比如现代图书馆的行政管理、服务管理、危机管理等。总而言之，就是要让现代管理理论应用于现代图书馆活动的全过程，以切实提高现代图书馆的管理水平。

（二）现代图书馆管理的特征

现代图书馆管理除了具有传统图书馆管理的相关特征之外，还具有如下几个特征。

1. 理论性

理论性是现代图书馆管理的一个重要特征，在传统的图书馆管理实践中，轻视理论是图书馆界的普遍现象。轻视理论，不学习、不研究、不借鉴，其直接后果是管理者目光狭窄、观念落后、管理水平低下。一种实践活动，如果没有先进的理论做指导，其结果必然是盲目的。显然，现代图书馆管理作为一门科学，其理论性一定要得到重视和体现。

2. 前沿性

现代图书馆管理要想发展，就必须密切关注、追踪现代管理理论的发展，不断探索和研究将新理论移植到现代图书馆管理实践之中，以切实提高图书馆的管理水平。但需要注意的是，这种关注、追踪、移植，如果仅仅局限于名词术语的层面，则不仅无益，反而更容易扰乱思想。

3. 实践性

现代管理理论大多具有很强的实践性，将其借鉴、移植、导入现代图书馆管理实践之中，是为了切实提高图书馆的管理水平。因此，除了注意学习研究相关理论之外，更要加强对其运用方法、运用方式的关注，使之具有可操作性，只有这样，现代管理理论在当今的图书馆管理实践中才具有生命力。

第二节 现代图书馆管理的适用原理

在现代图书馆的管理中，现代管理学的一些原理，如系统原理、整分合原理、制约适度原理、反馈原理、弹性原理、动力激励原理、人本原理等是完全可以适用的，下面将对以上提到的这几个原理进行讨论。

一、系统原理

所谓系统是由相互作用、相互联系的若干要素所构成的具有特定功能的有机整体。从构成要素的性质看，系统可以划分为自然系统和人造系统。自然系统是由自然物组成的系统，如生态系统、能源系统、人体系统等；人造系统则是指人们为了达到某种使用目的而由人工构建的系统，如行政系统、商业系统、交通系统等。

系统具备四个基本特征，即目的性、整体性、层次性和相关性。所谓目的性，就是指整个系统的建立必须有共同的目标，这是系统存在的基本前提。所谓整体性，也称全局性。每个系统都是由两个或两个以上的子系统构成的，作为系统的构成要素，这些子系统会相互影响、相互制约。因此，系统的建立及制度的制定必须着眼于全局，从系统的整体出发，防止以偏概全。所谓层次性，也称有序性。系统包括不同功能的子系统，而子系统之间又存在上下层次关系，这种系统的层次性是普遍而客观存在的。所谓相关性，则指系统的各个构成要素之间具有相互依存、相互制约的关系，它一方面表现为子系统与系统之间的关系，即子系统的存在以系统的存在为基础；另一方面表现为系统内部子系统或各构成要素之间所具备的相互影响和制约的关系。

如果将图书馆作为一个完整的系统，依据现代管理学的系统理论对其进行分析，则图书馆系统应主要包括以下几个方面。

(1)系统要素方面：构成图书馆的各组成部分和相关条件。

(2)系统结构方面：图书馆各部分的组成方式及其相互关系。

(3)系统功能方面：表现为图书馆系统整体和局部功能的总和。

(4)系统集合方面:维持、完善与发展图书馆系统的源泉与因素。

(5)系统联系方面:图书馆系统与其他系统之间以及内部子系统之间相互纵横的联系。

(6)系统历史方面:整个图书馆系统产生和发展的历史过程,揭示其一般的历史规律。

同样,图书馆系统也包括不同层级的子系统,各子系统都各司其职。高层级子系统的主要任务是根据系统的整体目标,向下一层级发出指令,最后考核该层级指令执行的结果,同时解决下一层级各子系统之间的不协调或矛盾;低层级的子系统要对上一层级子系统负责,与相关层级子系统协作共同完成任务。从系统原理的观点出发,图书馆管理者必须重视各层级子系统之间的协调,制定合理的管理制度,以图书馆工作目标为依据,合理分配各部门的职责,理顺不同部门之间的关系,防止各部门由于职责不清导致工作中互相推诿,影响整个图书馆系统的正常运作。一般来说,图书馆是由采访部、编目部、流通部、咨询服务部、期刊部等部门构成,每个部门都是图书馆系统中的一个子系统。一方面,图书馆的各个子系统之间的关系应该以实现整体目标为依据,各部门应当服从整体的统一领导,从而使整体效果达到最优;另一方面,图书馆各部门之间应当做好沟通和交流,加强各个部门之间的协调与合作,以便更好地为读者和用户服务。

二、整分合原理

在组织决策的实施过程中,为了实现高效率的管理,必须对如何完成整体工作有深入的了解,在此基础上将总体任务分解为一个个具体任务,进行明确分工,建立责任制,协同组织成员完成任务,然后再进行科学组织、综合的过程,就是整分合原理。它所体现的是一个从整体到部分再到整体的过程。现代高效率的管理必须在整体规划下进行科学而明确的分工,然后在分工的基础上进行周密有效的综合,充分发挥管理要素的整体效能,以达到特定的整体目标。在整分合原理中,整体是前提,分工是关键,因此必须要有强有力的组织管理。在内容上,整分合原理由以下三个方面组成,缺一不可。

(1)整体把握。对整体工作有深入细致的了解。要掌握整体的全貌以及在社会大系统中的地位和联系,关键是处理好整体和局部的关系,只有这样,才能完成管理任务。因此整体把握也可称为整体观点。

(2)科学分解。把系统的目标、任务运用系统分析的方法进行分解,以便落实任务,明确职责,制定规范。这是整分合原理的关键。只有科学的分解,才能保证分工的合理性以及工作规范的科学性,从而便于落实任务和建立责任制。

(3)组织综合。分工不是管理的终结,分工会产生许多新的问题,如分工的各个环节容易产生矛盾和相互脱节,因此必须进行强有力的组织综合,使各环节同步协调,有计划地综合达到平衡发展。

对于现代图书馆管理来说,首先必须对人、财、物等拥有完全的管理权才可以进行强有力的组织管理,使各个环节同步协调,使人、财、物、时间、信息等构成要素得到高效、充分、合理的运用。与此同时,图书馆的领导者必须对任务有一个整体的了解,只有在把握整体的基础上,才能真正了解每个组成部分的地位和作用,处理好这些部分之间以及部分与整体之间的关系。在进行系统分析之后,将作为一个整体的任务层层分解,变成各个部门、各个层次以及个人在各个不同任务阶段的具体任务,并注意在各个具体任务完成过程中的质量检验和互相衔接。

三、制约适度原理

制约指通过和采用组织方法、法律手段和经济措施来保障管理工作按照已制定的目标顺利进行。需要注意的是,这种制约应是一种适度的制约,以保持整个系统各个部分的平衡,保障整个系统顺利运行。管理理论中的制约可分为自然制约和人为制约两种类型。自然制约主要是指市场竞争中客观经济规律对企业、价格等的制约,而人为制约指在管理过程中由管理人员主动设置的制约,如权责制约、权力制约和奖惩制约等。

(一)权责制约

权责制约的目的是使组织中人、财、物的管理和流通活动与其主观性和客观规律相一致,正确处理好权责之间的关系。有权必有责,责任是对权力的制约,如果滥用权力，导致客观效果出现较大偏差，就应该撤销权力。这个原理比较适合基层管理部门。实行权责制约需要注意以下几点：

(1)权责明确。明确具体的责任范围、权力范围，以达到图书馆正常运作的目标，指挥人、财、物的合理流通。

(2)先责后权。在授权时根据管理人负责的范围大小确定权力。

(3)权责一致。权责必须赋予同一个对象，如个人负责，则权力也要集中在这个人身上。

(4)权责相当。设置权力和责任的范围、层次、比例相当，防止权责错位。在我国图书馆管理体制中，权责错位比较常见，大致有上错位和下错位两种。上错位指上级侵犯下级职权和责任，下错位指下级侵犯上级的权力，或不经请示擅自行动。

(5)权责闭环。检查权责是否做到相互制约。

(二)权力制约

权责制约并不适用于负有重大责任的部门，权力制约则弥补了这一不足。权力制约是指权力之间互相牵制，避免由于个人决策的局限性造成严重损失。例如，在企业中，行政、党委、职工代表大会所拥有的处理和决策有关全局性重大问题的权力应该是相互制约的；在上下级之间，下级有建议权，上级有审批权；在财务管理中，出纳和会计不能由一人兼任，这些都是权力制约。权力制约能有效防止权力的滥用和腐败现象的产生，可有效降低组织运行的风险。组织在运用权力制约原理时应注意以下几点：

(1)权力制约应当适度。如果权力制约过多，则会造成管理效率低下。没有权力制约、权力制约不足或权力制约流于形式也会造成严重后果。

(2)权力层次的划分。因为权力制约主要存在于掌握权力大小相近、处于相近管理层次的领导之间，权力层次差别越大，权力制约就越少。

(三)奖惩制约

奖励和惩罚之间的相互制约，是保证权责制约、权力制约得以实施的重要手段。实行奖惩制约时应注意以下几点：

(1)必须针对行为结果给予当事人及时、准确的信息反馈。一方面,制约必须是及时的,奖励或惩罚应紧跟在行为之后才最具效果;另一方面,反馈给行为当事人的信息一定要准确,使他知道受到奖惩的原因。

(2)奖惩要有明确的标准。对于符合组织目标的、能给组织带来利益的行为,应予以奖励,相反,则予以惩罚。奖惩应尽量做到公平合理。

(3)综合运用经济手段和行政手段。奖励方法有经济手段,如提薪、发奖金等,以及行政手段,如晋升、表扬等。惩罚措施同样包括如减薪、扣发奖金、罚款等经济手段以及批评、处分、降职等行政手段。

在现代图书馆管理过程中,如果能正确运用以上三种制约方式,将有利于图书馆的正常运行和社会文化功能的发挥。管理者在做到将权责制约、权力制约、奖惩制约综合应用的同时,又要做到制约适度、制约合理,防止因为制约过度而引起职工工作热情和积极性下降。

四、反馈原理

反馈是控制论的一个极其重要的概念。反馈是由控制系统将信息输送出去,又将其作用结果返送回来,从而对系统信息的输入和再输出产生影响,起到控制的作用,以达到最终目的,它要求系统对客观变化作出应有的反应。换句话说,反馈就是计划、执行、检查、评价的循环往复,能够不断提供最新信息,根据客观变化为做出正确的决策提供依据。反馈分为两种,可以使下一个输出的影响增大,从而导致系统运动加剧发散的反馈,叫作正反馈;而使下一个输出的影响逐渐减少,造成系统趋于稳定状态的反馈,叫作负反馈。

运用反馈原理时应注意以下几点：

(1)反馈要及时。要及时发现管理与现实之间矛盾和变化的信息,注意信息的准确性和时效性,并根据反馈信息采取相应的措施,保证图书馆系统在最佳状态下运行,以取得最佳效果。如果反馈不及时,图书馆系统的运行就会偏离预期目标,优化管理也就成为空谈。

(2)反馈要适度。既要防止反馈过度,又要防止反馈不足,做到适可而止。反馈过度在实际工作中具体表现为矫枉过正,采用“一刀切”,从一个极端走到另一个极端,造成不应有的损失。所谓反馈不足,就是根据反馈信息所做出的调节力度不够,不足以完全消除系统在运行过程中所产生的偏差。

(3)反馈要准确。要建立高效的分析系统,以便可以过滤和加工感受到的各种信息,修正系统在目标运行过程中所产生的偏差,从而给予正确的判断和调节。错误的反馈可能导致图书馆做出一些错误的决策,从而造成不可估量的损失,所以一定要保证反馈信息的准确性。

(4)反馈的随机性。内因和外因的相互作用会造成图书馆系统运行受到外界干扰,因此应适时采取随机反馈的调节措施。此外,在实际工作中,注意调查研究和分析,加强科学预测,制订多种方案,最终实现图书馆系统管理的优化。

面对千变万化的环境,管理是否有效关键在于其是否能进行灵敏、正确、有利的反馈,因为反馈的最终目的就是使系统能够对客观外界环境的变化做出及时、有效的反应,并提出新的决策建议。根据反馈原理,在现代图书馆的管理工作中,应该建立一个有效的管理信息系统,具体负责内部管理信息和外部管理信息的处理。内部管理信息指运营管理经费、馆藏图书数量、藏书利用、图书馆工作人员(以下简称图书馆馆员)思想及业务水平等情况;外部管理信息包括读者和用户需求变化、读者阅读心理、用户使用文献信息心理、文献源及其他情况。

运用图书馆管理信息系统进行管理信息的收集、加工、转换以及利用信息进行预测和控制,及时准确地把各种反馈信息提供给管理者,以保证其决策的正确合理,帮助他们制订出更合乎实际的计划,实施有效的反馈控制。管理者可通过统计数据、调研报告、读者和用户建议等各种信息资料来发现计划执行中存在的问题、原因和解决办法,使图书馆系统按预定计划进行工作。获取反馈信息的方式是多种多样的,传统的获取方式包括问卷调查、访谈、座谈会等。随着信息技术的发展,又出现了以计算机网络为依托的反馈系统。现代图书馆既要注重对传统信息渠道的运用,又要善于利用最新的科技手段和技术手段,建立以电子信息技术为主要手段的现代反馈系统。

五、弹性原理

所谓弹性原理，是指现代管理必须保持充分的弹性，为适应客观事物多种可能的变化而实行有效的动态管理。管理的对象及其制约条件往往不是单因素而是多因素相互交叉的，而且带有很大的不确定性；作为管理者与被管理者其思维活动也是不断变化的，这就要求管理工作不能一成不变，要留有可以调节的余地。同样，现代图书馆的日常管理也应保持充分的弹性，留有充分调节的余地，可以根据可能发生的外部环境变化或者内部结构变化，及时做出反应，调整图书馆的工作，实施有效的动态管理。通常，在一个组织内部，弹性原理包括以下几方面的内容：

(1)组织目标的弹性。组织目标制订以后，组织成员应朝着这个既定目标共同努力。但是随着组织的发展，如果目标已不适合组织的现状，或者对组织成员不再具有指导意义，则应及时修改组织的目标。

(2)组织结构的弹性。组织部门应随业务的需要而增减变化。部门的划分没有永久性的要求，其增设和撤销应随业务工作而定。组织也可以设立临时部门或工作小组来解决工作中临时出现的问题。

(3)人力资源的弹性。组织的工作人员数量不是一成不变的，除了常规的工作人员外，还可以针对一些特定项目组成临时工作小组，工作任务一旦完成，小组即可解散。

六、动力激励原理

在管理活动中，人是管理的核心，如何激发人的积极性在管理中是极其重要的。激励方法有物质激励和精神激励两种。

(1)物质激励是最常用的激励方法，表现形式多种多样。使用这种方法成败的关键在于控制物质激励中刺激量的大小，过大和过小都起不到最好的作用。应根据个人满意度会不断提高的规律，有针对性和递增性地控制物质激励的刺激量。在保障刺激适度的同时，引导员工对物质刺激量进行纵向和横向对比，提高对物质激励的认知程度和满意度。

(2)精神激励也是一种重要的激励方法,个人在物质需求得到满足后,还会考虑精神需求。从满足人们精神方面的需求来激发员工的工作动力,也是管理工作中经常采用的方式。实践工作中如果将物质激励和精神激励结合起来,一般会起到更好的激励效果。

就现代图书馆管理工作而言,每个工作人员都有自己的特性,他们的需求、个性、期望、目标均不相同,因此图书馆的领导者必须针对其员工的不同特点,采取不同的激励方法。

图书馆的领导者可以利用动力激励原理来激发图书馆馆员的工作热情。从物质方面看,适当满足图书馆馆员的物质生活需要,制定一些有利于调动其积极性的政策,比如在调工资、分住房、评先进、发奖金、晋职称、提职务等方面,对于业务精、贡献大的图书馆馆员应该给予优先考虑。从精神方面看,对于图书馆馆员要量才而用,对才能突出的图书馆馆员可以安排一些具有挑战性的工作。另外,还应尽量创造一些机会,以满足图书馆馆员进一步发展的愿望,如进行在职培训、出国深造等。

七、人本原理

人本原理就是以人为中心的管理,是一种尊重人、充分发挥人的主动性、积极性和创造性,使人的潜能得到最大限度发挥的管理思想。人本原理主要包括以下几个方面:

(1)员工是一个组织的主体。在一个组织中,处于核心地位的不是设备、机器、厂房等,而是利用这些资源并创造出价值的员工。

(2)员工的参与是进行有效管理的关键。传统的管理中,员工处于被动、被管理的地位,员工的工作热情得不到充分发挥;而人本原理则强调员工处于主动参与管理的地位,从这个层面上看员工就是管理者。

(3)使人性得到最完美的发展是人本原理的核心。

(4)管理是为人服务的。这里所说的“人”,不仅指组织内部的员工,还包括组织外部的、组织为之提供商品或服务的顾客和用户。

人本原理下的图书馆自主管理是一种比较合乎个性发展，能够激发人类创造性劳动的管理模式，它以图书馆馆员良好的思想、业务、技术、素质和高度的主人翁责任感为基础，以全面完成工作任务和提高图书馆运行效率为目标，以自觉、积极、能动地完成本职工作为内容，实行自我约束、自我管理，因而能够充分挖掘人的潜能，调动人的积极性。

人本原理强调的是图书馆馆员的自我管理和自我约束。要在图书馆内部实行有效的人本原理，必须构建一套完整的自我管理体系，包括组织体系、目标体系和评价体系。在人本原理下，组织体系的构建应注意管理重心的下移，使每一个图书馆馆员都能参与到管理中来。要建立明晰的目标体系，使图书馆馆员了解组织的目标，并为这一目标的实现而努力。要建立客观的评价体系，一般采用自评、互评、领导评价和综合评价相结合的方法，注意定量与定性相结合，尽量做到公平、公正、公开。

第三节　现代图书馆管理的方法

在现代管理中使用的方法有很多种，经过分析得出，行政管理方法、经济管理方法、法律管理方法、思想教育方法、咨询顾问方法、统计管理方法对于现代图书馆管理是可以适用的。

一、行政管理方法

行政管理方法主要是指依靠行政机构和行政领导者的权力，通过下达强制性的行政命令，直接对管理对象和管理内容发生作用。其主要表现形式是由行政系统下达各种行政命令、指令性计划和制定规章制度来进行管理。行政管理方法的实质是通过运用行政组织中的职务和职位的权责进行管理，它特别强调职责、职权、职位，而非个人的能力或特权。任何部门、单位总要建立起若干行政机构来进行管理，它们都有着严格的职责和权限范围。目前，国内图书馆大多沿用这种依靠传统行政系统来进行日常管理的方法，可以说，行政管理方法是管理学运用最普遍的方法，同时也是国内图书馆使用最广泛和使用时间最长的管理方法。

(一)行政管理方法的特点

行政管理方法适用于各种类型的行政机构、政府机关和大中小学校，与其他管理方法相比，其具有以下特征。

(1)命令的权威性。作为行政系统的核心，下达的各种行政指令具有相当高的权威性，并且发布信息的行政级别越高，其权威性也越高，下级接受信息的比率也就越高。

(2)执行的强制性。与司法机构颁布的法律具有的强制性不同，行政命令通过权力机构发布，仅对其管理范围内的对象具有强制性而非普遍性的适用。它可以采用多种灵活形式，通过思想、行政和组织的方式体现其强制性。

(3)相对的稳定性。行政管理方法依靠行政系统相对严密的组织机构而存在，只要行政系统能够保持自身结构的稳定，行政管理就能够发挥作用，同时也具有抵抗外界干扰的作用。

(4)内容的具体性。各种行政命令、指令和制度都具有相当具体的内容，是针对特定的管理对象下达的特定命令，能够让管理对象了解具体的行动方向。

(5)时间的有效性。由于是因人、因事、因时，行政命令可在特定时间内对特定管理对象有效，一旦有效时间逾期，那么该行政命令也会随之失效。

(6)内容的保密性。根据行政系统性质不同和具体行政指令的需要，各种行政命令会分出不同的机密等级，并且只能够在机密等级要求的范围内传达和发挥作用。

(7)传递的垂直性。行政管理方法适应行政系统的等级体系，行政命令采用由高级向低级逐级传递的方式。

(二)行政管理方法的评价

行政管理方法实际上是一种行政系统的集中统一管理模式，能够发挥各级系统的管理职能，根据系统目标因人、因事、因时、因地不同，采用和实施各种必要管理手段，具有针对性强、灵活性高、强制实施的优点，适宜及时处理新情况和新问题。

由于行政管理方法在根本上是“人治”的方法,因此存在着不可避免的局限性。主要表现为:行政命令由行政领导制定,因此该命令的及时性和准确性会受领导水平、领导权威的影响。另外,行政命令的传达和执行要由系统人员逐级实现,传达效率和执行质量都会受到人为影响。此外,由于传统行政体系权力过分集中,不利于发挥子系统的积极性,还会因为组织构成过于臃肿导致系统内横向沟通、协调困难,信息传递迟缓、失真严重等情况的发生。

(三)行政管理方法在现代图书馆管理中的应用

行政管理方法在现代图书馆管理工作中得到普遍应用,甚至可以说是贯穿于现代图书馆的日常运行活动中。行政管理方法具有权威性和强制性,是由领导直接指导下属进行工作,它是“人治”而非“法治”,管理效果基本上取决于领导者的指挥艺术和心理素质,取决于领导者的知识和能力,所以这种管理方法对领导者的个人素质有着很高的要求。首先,作为图书馆的领导者应有较强的专业修养和丰富的业务经验,对于图书馆的日常运行有充分的了解,防止“门外汉”盲目指挥。其次,在应用行政管理方法时,图书馆的领导要防止“家长”意识作祟,应树立民主意识,充分认识到行政管理方法最终是为所有的图书馆馆员及读者和用户服务,要防止官僚主义、以权谋私、独断专行等行为的发生,使图书馆馆员能够为图书馆的管理和发展提出意见和看法。

行政管理方法是运用职位的权力而实施的一种管理方法,对下属具有很强的约束力,但是这种特点也可能导致上级忽视下级合理的要求和建议,不利于调动图书馆馆员的工作积极性。所以,在现代图书馆的日常管理活动中,不能单纯依靠行政管理方法,而应该根据各个图书馆的具体情况,将行政管理方法与其他方法结合起来加以应用。

二、经济管理方法

经济管理方法是指依靠经济组织,按照客观经济规律的要求,运用经济手段来进行管理的方法。其中经济组织是指有独立经济利益的组织机构,而经济手段则是指把一个组织或个人的物质利益与其工作相联系的方法。在宏观管理中,经济管理方法主要运用价格杠杆、税收调节和信贷作用,合理优化整个社会资源的分配情况,并根据社会发展需要调整社会各组织间的利益分配比例。在微观管理中,经济管理方法的运用多表现为根据组织内部的需要,调整组织各系统之间和个人之间的物质利益分配方式,如工资、奖金和福利等。经济管理方法实质上是围绕物质利益,运用各种经济手段正确处理好国家、集体和劳动者三者之间的经济关系,最大限度地调动各方面的积极性、主动性、创造性和责任感。

(一)经济管理方法的特点

经济管理方法的适用范围较广,在市场经济条件下,几乎适合各种组织类型,其特点如下所示。

(1)客观性。采用经济管理方法的前提是遵循客观经济规律的要求,因此在制定和实施经济管理方法过程中必须符合客观经济规律。

(2)一致性。组织或个人的利益与整个系统的根本利益相一致,同时利益分配原则也必须与工作完成的质量和数量相一致。

(3)利益性。经济管理方法符合物质利益原则,整体和个体有相同的利益,因此必须把个人的工作成果与其物质利益联系起来,这是经济管理方法得以成功实施的关键。

(4)制约性。经济管理方法通过对利益的分配对组织和个人的行为产生影响,在激发积极性的同时实现其制约性。

(5)多样性。不同部门、地区、时间、工作环境所采取的具体的经济管理方法是不一样的,可分配的利益和分配原则也是不一样的。

(6)技术性。根据经济规律的特点,可采用各种衡量方法和分配原则。

(7)公开性。公开指标、公开结果是经济管理方法有效运用的保障。

(二)经济管理方法的评价

将管理方法建立在利益原则的基础上,被管理对象会直接考虑自身利益,因而对信息的接受率较高,自然也便于充分调动组织中各级子系统和个人的积极性、主动性和创造性。经济管理方法具有统一的衡量标准,可使管理过程公开化、合理化,也可以使各级部门能够得到更多的自主权,防止权力过分集中。

经济管理方法的局限性主要表现在意识形态上的副作用,过分追求利益的最大化容易导致意识形态的沦丧。因此,有必要制定一套严密的经济法规与之相配合,否则容易造成负面影响。

(三)经济管理方法在现代图书馆管理中的应用

在现代图书馆内部建立经济责任制,通过落实经济责任,解决图书馆与图书馆馆员、图书馆馆员之间以及图书馆各个部门之间的经济关系,改变平均主义局面,使图书馆馆员为了图书馆的经济效益而努力工作。现代图书馆内部经济责任制可分为两类,即个人岗位经济责任制和部门集体经济责任制,图书馆可以选用其中一种,也可两种综合起来加以应用。

在利益分配上,现代图书馆应实行多劳多得、少劳少得,打破"平均主义"局面,对贡献大、工作任务完成好的图书馆馆员予以加薪奖励;对于消极怠工者扣发奖金乃至部分工资予以惩戒;对给图书馆造成经济损失的,要追究其经济责任。

现代图书馆领导还应将经济管理方法与其他管理方法综合起来加以应用。不仅要满足图书馆馆员物质方面的合理需要,还要满足其精神和社会方面的合理需要,如受人尊重的需要、社交需要、人生价值实现的需要等。另外,还应对图书馆馆员进行思想教育,防止拜金主义、个人主义和本位主义等负面思想的产生。

三、法律管理方法

法律管理方法是国家依靠国家机器的强制力,通过制定、颁布和实施法律来管理整个社会的方法。虽然国家机器的强制力是保障法律管理方法实施的根本保障,但是真正发挥法律的作用需要具备各种社会条件。首先,需要有健全的法律机构和体系(如立法、司法、执法和法律监督机构),才能够树立法律的权威性,保障立法的适当性、执法的公平性和严格性。其次,全社会的舆论道德水平和法律意识也是成功运用法律管理方法的社会基础。法律管理方法的作用在于保证社会和组织中人、财、物的合法沟通和流通,并把沟通和流通的方式以法律文件的形式加以规定，明确了权利和义务的关系，使整个管理系统具有稳定性，有利于管理系统的发展。同时也正是由于社会的不断变化和管理系统的不断发展，法律规范必然也要符合客观事物的发展要求。只有这样，使用法律管理方法才能提高管理效率，才能使系统的功能得以增强；如若不能正确、及时调节各种管理因素之间的关系，就会对管理系统的发展起阻碍作用。法律管理方法的实质是实现全体人民的意志并维护他们的根本利益，代表他们对社会经济、政治、文化活动实行强制性、统一性的管理。法律管理方法既要反映事物的客观规律，又要调动各个企业、单位和群众的积极性、创造性。

（一）法律管理方法的特点

法律管理方法适用于社会管理的各个方面，但由于“法治”所具有的特殊性，使其并不适用于意识形态领域和某些特殊问题的处理。这也是“法治”无法代替其他管理方法的主要原因。一般来说，法律管理方法的特点包括以下几个方面。

（1）利益性。法律的制定依托于不同社会群体的共同利益。

（2）概括性。法律的制约对象是抽象的、一般的，而非具体的、特殊的，在同样的情况下可以反复适用。

（3）规范性。运用法律这种社会规范来进行管理，规定人们应当或不应当做什么，以引导人们的行为。

（4）强制性。法律对社会全体成员具有普遍的约束力，是依靠强大的国家机器来实现的。

（5）稳定性。整个法律体系和具体法律文件、法律条文在一定时期内相对稳定。

（6）可预测性。人们可以根据法律的具体内容预见自己或他人行为是否合法以及后果如何。

（二）法律管理方法的评价

法律是整个社会和国家管理的依据，是国家权力的集中体现，通过明确权利与义务之间的关系，确定了所有社会成员的行为规范，用于处理社会生活中共性和一般性的问题,实现其管理和自动调节的功能。

缺少灵活性是法律管理方法的一个缺点,从法律的最初制定到最终执行需要相当长的周期,因此不便于及时处理特殊问题和管理中出现的新问题。另外,法律强制性的特点也不利于发挥系统的积极性、主动性和创造性。

(三)法律管理方法在现代图书馆管理中的应用

在现代图书馆的日常管理活动中,法律管理方法也经常被应用。图书馆应根据国家、政府的有关法律法规制定自己的管理规范,保证必要的管理秩序,有效调节各种管理因素之间的关系,使宏观法规在图书馆得以顺利地贯彻执行,避免与法律、法规有悖而造成不必要的损失。同时,图书馆的法规制度应当尽量明确,使其规范化、条文化、固定化,使人们有章可循。

法律管理方法因为缺少灵活性,易使管理僵化,而且不利于图书馆馆员发挥其主动性和创造性。现代图书馆应该尽量减少使用此种方法,可以采用其他有效的方法来代替。同时应该明确的是,法律管理方法不能解决现代图书馆管理的所有问题,它只是在有限的范围之内发生作用。而在法律范围之外,还有各种经济关系、社会关系需要用其他管理方法来管理和调整。所以,法律管理方法应该同其他管理方法一起结合使用,才能达到有效的管理目标。

四、思想教育方法

思想教育方法是通过对人进行劝导、说服等方式,改变人的态度、观念,进而改变人的行为的一种管理方法。这种管理方法的依据有两个:第一,人的态度、观念、行为是通过学习、生活等实践获得的,也是可以通过学习、生活等实践改变的。正确的态度、观念会产生正确的行为;错误的态度、观念会产生错误的行为。绝大部分人都有认识和判断能力,利用这种能力可以获知真理,树立正确的态度、观念。因此,要使人的行为朝着正确的方向发展,可以向人们传递真理,引导人们树立正确的思想观念,进而采取正确的行为方式。第二,绝大部分人的动机是可以被激发的。人的行为发生的过程是:当个体缺少了某种东西就会产生一种生理或心理上的紧张感,这种紧张感会成为一种内在动力,成为人的行为动机,促使个体产生行为去满足需求，以便消除紧张，达到生理或心理上的平衡。但不是所有的需求都会上升为行为动机，也不是所有的行为动机都会导致行为发生，只有在需求足够强烈、行为动机足够强大时行为才会发生。因此要想影响人的行为，必须激发人的动机，而思想教育就是激发动机的一种方法。通过引导人们树立高尚的情操、远大的理想，激发人们积极向上的行为动机，才能使人实施正确的行为。思想教育方法的实质就是按照一定目的，对员工从德、智、体等方面施加积极影响的一种管理活动，通过教育，不断提高员工的思想政治素质、文化知识素质、专业水平素质，充分调动人的积极性和创造性。

（一）思想教育方法的特点

思想教育方法具有以下特点。

（1）启发性。思想工作的开展着重于对人思想的启发，不能以强硬的方式让别人接受某种观点，否则就起不到良好的效果，甚至会和教育的初衷背道而驰。

（2）利益性。要用利益来激发人的行为动机，在做思想工作的时候要着重宣传系统的共同利益，要把系统的利益与个人的利益结合起来。

（3）灵活性。思想教育工作应因人而异，面对不同的对象、不同的问题，要采取不同的措施。

（4）长期性。改变人的思想观念是一项长期的工作，需要在日常工作中不断坚持。

（二）思想教育方法的评价

思想教育方法是一种非强制性的方法，在对人的管理中，通过思想教育工作引导人们树立正确的思想观念，可以促使人在工作中发挥主观能动性，为系统目标的实现产生强大的动力作用。

思想教育方法需要其他的管理方法与之相结合，否则思想教育的成果难有保障。

（三）思想教育方法在现代图书馆管理中的应用

思想教育的目的是提高人的素质，因此教育的内容必然要涉及与人的素质提升有关的方面。现代图书馆在应用思想教育方法时,应在以下两个方面做出努力:首先,帮助图书馆馆员树立正确的人生观和价值观。图书馆是保存和传播人类文明的组织机构,也是一个非营利性的公益性服务组织机构,作为图书馆馆员,应该树立全心全意为人民服务的思想。图书馆管理者在进行思想教育时应防止教条式的说教,可结合馆内的具体事例、案例、典型,通过讨论的方式进行。其次,应在馆内进行组织文化建设,突出人本原理,采用教育、启发、吸引、熏陶和激励多种方式来培养图书馆馆员的共同使命感、工作责任感、事业开拓感和集体荣誉感,创造一种充满生机和活力的工作氛围,改变部分图书馆馆员工作热情不高、缺乏成就感的现状。

五、咨询顾问方法

咨询顾问方法是指由管理者提出问题,由相关的专业咨询人员给予解答或为问题的解决提供建议的一种管理方法。这种方法一般只是作为一种辅助的管理方法加以应用,为政策的制定提供背景信息,为行业的发展提供预测和评价,为社会各领域的工作提供专业的指导。

(一)咨询顾问方法的特点

咨询顾问方法具有以下特点。

(1)专业性。咨询人员一般都具有某领域专业背景,所提供的信息或建议往往带有很强的针对性。

(2)广泛性。咨询顾问方法的适用范围广泛,几乎所有的领域都可适用。

(3)目的性。咨询顾问工作往往是根据管理者所面对的具体问题进行的,因此,咨询内容必须以解决问题为目的来开展,围绕解决问题来收集信息,提供咨询。

(二)咨询顾问方法的评价

采取咨询顾问方法进行管理,可以为管理者提供科学的建议,减少工作的盲目性,从而提高解决问题的能力。

咨询顾问方法缺乏统一性,如没有行政管理方法、法律管理方法提供保障,可能造成各子系统各行其是,因此它现在还只能是一种辅助的管理方法。

(三)咨询顾问方法在现代图书馆管理中的应用

现代图书馆可以通过建立专家咨询系统来实现咨询顾问管理。专家咨询系统是图书馆领导决策与管理的思想库、参谋部和有力助手。它可由学术委员会、咨询委员会或特邀专家组成,旨在建立图书馆的“外脑库”和“智囊团”。专家咨询系统要在现代图书馆管理的决策论证,民主监督等活动中发挥作用,因此要求其成员思维要敏捷活跃、要博学多才、视野开阔、有综合分析能力。他们可以是图书馆馆员,也可以是图书馆界或社会各界的专家学者。他们的主要任务是参谋、咨询,负责图书馆在重大问题决策之前进行调查研究、咨询顾问工作,为管理者的科学决策提供可靠依据,设计可行方案,并及时把贯彻落实情况反馈到管理决策层,进行必要的指令调整或跟进决策方案的拟订。在现代图书馆管理实践中,需要不断培养专家咨询队伍,提高专家咨询质量,拓展专家咨询范围。

六、统计管理方法

统计管理方法是指对社会现象进行调查,进而认识社会现象,以便更好地开展工作的一种管理方法。对客观事物的管理依赖于对客观事物的认识,统计方法是认识客观事物的一种有力工具。统计方法的实质是收集、整理和分析资料,进行科学的推断,揭示现象所蕴含的客观规律。

(一)统计管理方法的特点

统计管理方法的特点如下。

(1)数量性。统计管理方法主要是对社会现象的数量特征方面的认识,包括数量的多少、现象之间的数量关系以及质量互变的数量界限。

(2)总体性。统计管理方法的研究对象包括社会现象总体的数量特征,而不仅是单个社会现象的数量特征。如现代图书馆管理对读者和用户的统计不是要了解个别的人,而是要研究图书馆全体读者和用户的数量构成,如不同年龄段的人各占多少比例、各种学历层次的人各占多少比例等。只研究单个的人是没有意义的。

(3)具体性。统计管理方法的研究对象是具体事物的数量特征,不是抽象的量,这种数量特征的表示必须是具体事物在一定时间、地点下的反映。

(4)社会性。统计管理方法的研究对象是社会现象的数量特征,而社会现象必然有人的参与,因此统计管理方法不可避免地要受到人为因素的影响。

(二)统计管理方法的评价

统计管理方法是认识社会的有力工具,利用统计管理方法可以加强对社会现象的认识,为问题的解决提供科学的依据。

统计管理方法的应用,尤其是对数据的后期加工处理会碰到很多数学上的问题,掌握起来较为困难,不便推广使用。

(三)统计管理方法在现代图书馆管理中的应用

统计管理方法通过对具体数据进行分析,能比较客观、真实地反映一个组织的运营情况。在现代图书馆管理中,统计管理方法的运用是以收集大量可靠的信息为基础的,要通过各种途径收集统计信息。具体包括对图书馆读者和用户进行统计,如读者和用户的数量、性别、受教育水平、职业等;对图书馆馆藏文献借阅情况进行统计,如借阅次数、借阅频率、拒借率等。再将这些统计信息进行分类、分析和汇总,客观地反映图书馆运营现状,找出存在的缺陷及问题,并有针对性地采取措施,以便更好地为读者和用户开展服务。

在现代图书馆管理中运用统计管理方法时,一定要保证统计信息的真实性和可靠性。若统计信息出现错误或有较大的偏差,可能会给图书馆管理者带来决策上的失误,从而造成重大损失。

第四节　现代图书馆管理的职能

现代图书馆管理的职能通常认为是计划、组织、领导、控制。

一、计划

（一）计划的概念

计划是指确定组织的总体目标和目标体系，并开发出实现目标的方法和行动的过程。计划职能是管理的首要职能，其他工作的开展都是在计划的基础上进行的，它告诉人们需要干什么以及怎样干。

（二）计划的目的

计划的目的如下。

1. 确保组织使命的实现

组织使命是组织存在的基本前提，组织使命的实现依赖于组织中各种资源要素的组合以及对外部环境变化的应变能力。资源要素的组合、业务活动的开展要有一定的计划，才能有目的、有组织地进行，才能保证组织的每一项工作都向着目标迈进。

2. 确定组织的目标，为今后一段时间内的发展做出规划

组织使命不是具体的行动规划，要想实现组织使命，必须依赖计划，将使命转化为具体的目标和具体的行动规划。组织目标的确定，依靠对内部和外部环境的分析判断。计划工作通过科学的调查研究，在获取大量信息的情况下确定组织的目标，才能保证组织目标的有效性和可实施性。

3. 合理分配组织内部资源

组织资源是组织使命实现的保障，但资源的数量不是无限的，它具有有限性。因此，如何合理分配组织内部资源，保证组织使命的实现，就成了计划工作的主要目的之一。计划工作确定组织具体的目标和具体的行动规划后，就要为工作的开展配置各种人力、物力等资源，以保证工作的正常进行。资源配置要经过合理的计划，才能发挥最大的效益。

4. 组织业务工作

计划的落实需要按照既定安排，将组织中的各项业务工作组合起来，按照一定

的原则加以协调。组织中的业务工作有多种,如人力资源的管理、开发,原材料的采购,生产的进行,售后服务,财务和会计活动等,各种业务工作必须协调进行才能保证其效率,才能实现对组织目标的贡献。

5. 减小变化的冲击

计划通过对组织外部环境和内部条件的实时关注,可以预测变化,并制订最有效的应变措施,减小变化带来的冲击,使浪费和冗余减至最少。计划无法消除变化,但有助于增强组织对变化的应变能力,做出合适的反应。

6. 设立工作标准,有助于控制活动的开展

计划工作对组织的未来状态进行了合理规划,如果实际工作与规划相符,说明工作的进展符合要求;否则,工作就偏离了组织目标,需要对其进行控制。计划作为标准,可以衡量、检查、评价工作中出现的问题,并做出合理改进。计划是对组织未来的规划和对工作标准的规定,是组织开展控制活动的基础,没有计划,控制也就无从谈起。

(三)计划的类型

计划的类型有多种,根据不同的标准有多种划分方法。

1. 根据计划的广度,可将计划分为

(1)战略计划。主要是指应用于组织整体的、为组织设立总体目标和寻求组织在环境中的地位的计划。这种计划具有全局性、长远性、预测性的特点,它的制订需要有大量的相关信息做参考,涉及组织的各个部门,需要由组织的高层领导来制订。战略计划的制订过程是非程序化的,要能够适应不断变化的外界环境。因此,战略计划往往不是对具体的行动方案做出规划,而是对组织的长远发展加以概括性的指导。

(2)作业计划。主要是指反映组织总体目标如何实现的细节性计划。这类计划一般都趋向于较短的时间间隔,制订的过程大多程序化,制订者既可以是组织中的高层管理者,也可以是组织中的基层管理者。

2. 根据计划的时间框架,可将计划分为

(1)短期计划。一般也叫年度计划,计划所涉及的活动时间往往限定在一年以内,主要是为一年当中的工作提出目标和行动方案,规划具体的资源配置和业务工作的开展。

(2)长期计划。是组织长期目标的具体实施方案,时间范围一般在五年以上。制订长期计划主要是为了明确组织全体成员的奋斗目标和行动纲领,长期计划具有很强的预测性和指导性。

3. 根据计划的明确程度,可将计划分为

(1)程序性计划。指对例行性事务所进行的计划。这类计划具有明确规定的目标,计划的制订有标准化的程序,制订出的计划不会出现模棱两可或容易引起误解的问题,如人员工资发放计划等。

(2)非程序性计划。指对不经常重复出现的非例行性事务所进行的计划。这类计划的制订只规定一些基本方针,没有统一的标准化程序。它虽然指出了工作重点,但却不把管理者限定在具体的目标上或特定的行动方案上,如图书馆对新信息系统的引进计划等。

4. 根据计划的管理层次,可将计划分为

(1)总体计划。指有关图书馆整体发展的,涉及图书馆各个业务部门各项工作的计划。其在图书馆的计划中处于统领地位,部门计划、小组计划和个人计划都要以此为基础,共同保证总体计划的实现。

(2)部门计划。指图书馆各个业务部门在图书馆总体计划的指导下所制订的有关本部门工作的局部性计划。部门计划主要涉及本部门的工作进程、本部门的工作标准以及本部门人力资源培训开发的具体内容等。

(3)小组计划。指为了完成一项具体的工作,在小组范围内制订的工作计划,主要是保证小组成员相互之间的协调。

(4)个人计划。指个人为了达到工作标准,完成工作的定量,根据自身情况而自我设定的工作计划。对于个人来说,它具有巨大的指导和激励作用,个人为了达成自己的计划,会努力提高工作质量和数量。

5. 根据计划的具体内容,可将计划分为

(1)与图书馆业务有关的计划,如采访计划、文献资源建设计划、服务拓展计划、信息技术开发计划等。

(2)与图书馆人力资源建设有关的计划,如招聘计划、培训计划、人员晋升计划等。

(3)与图书馆运营管理经费有关的计划,如采购成本计划、财务支出计划、运营管理经费筹集计划等。

以上种种计划的类型,既相互区别,又存在一定的联系,如战略计划一般都是长期的、非程序化的、涉及的是组织整体的工作;而作业计划一般都是短期的、程序化的,涉及的只是组织的一部分工作。明确各种类型计划的特点和主要内容,有助于我们更好地、更有针对性地开展计划工作。

(四)制订计划应注意的问题

制订计划时应注意以下问题。

1. 根据对计划类型的分析可以看出,计划的制订与组织的层次存在着密切关系

一般来说,高层管理者主要负责制订战略计划,因为他们对组织的整体情况有更充分的了解,获取的信息也更丰富,因此他们的工作是对组织的整体发展做出规划。基层管理者主要负责制订作业计划,因为他们往往是某一领域的专家,对本部门工作的了解较为充分,知道应采取哪些具体的措施来改进工作。需要注意的是,战略计划的制订也要相应地征求基层管理者的意见,因为基层管理者了解的信息更为具体和真实,更能反映组织的实际情况;同时,作业计划的制订也要以战略计划为指导。

2. 计划的制订与环境的不确定性程度有很大关系

环境的不确定性程度越高,计划越具有期限短、非程序化、指导性强的特点。环境的不确定性要求组织必须具有较强的应变能力,组织计划涉及的期限短才能

保证计划的改变相对简单,不会造成太大的损失。不确定性环境下的问题往往不具有常规性、重复性的特点,不会有统一的、标准的解决程序,因此计划的制订也趋向于非程序化。同时,环境的不确定性使得组织所拥有的信息也具有不确定性,没有充分完全的信息做保障,计划不可能是完全精确的,必然只是一个大概的方向。

3. 在不断变化的现实中,计划必须是灵活的

在当今世界,环境的变化越来越迅速,越来越复杂,组织为了更好地适应环境的变化,必须根据外部环境做好相应的计划,制订应对策略,以减少变化带来的冲击。然而,环境的快速变化又常常使计划不能彻底地解决问题,有时计划还没有来得及实施,情况就已发生了变化。因此,计划必须是一个持续进行的活动,是能够灵活改变的。尽管在某种情况下计划不可能完全正确,但它仍会为组织的发展指出大致的方向,也是具有一定价值的。

(五)目标管理

确定组织的目标不仅是计划的目的,也是计划工作的一项重要任务。其指的是确定一种组织所期望达到的未来状态。组织的目标是一个完整的体系,有总体目标、中间目标、具体目标之分。传统的目标确定方法是:总体目标由组织的最高管理者确定,然后分解成中间目标、具体目标,进而落实到组织的各个层次上。组织的目标体系为组织各部门的工作指明发展方向,是工作成果的评价标准。通过目标的层层分解,部门目标、个人目标与总体目标保持一致,保证了总体目标的具体落实。然而,传统的目标确定方法是一个单向的过程,不考虑基层工作人员的意见,目标在自上而下的分解过程中丧失了它的清晰性和一致性。在这种情况下,目标管理理论就应运而生了。

目标管理理论是20世纪50年代出现的。所谓目标管理,是指以重视成果的思想为指导,由组织的高层领导与基层工作人员共同确定的一定时期的总体目标,根据组织对每个员工的期望来确定其工作职权,通过层层分解、自我控制、自我管理等手段来达到总体目标的一种管理方法。近年来,目标管理理论已经应用于图书馆领域并取得了一定效果。相对于传统的管理方法,目标管理具有以下优点。

1. 可操作性强

目标管理是将组织的总体目标转换为组织的部门目标和个人目标的一种有效方式。它将总体目标分解到组织的各个部门和各个成员,较低层级的管理者也亲自参与确定他们自己的目标。在这一过程中,目标的转化既是“自上而下”的,又是“自下而上”的,最终结果是形成一个目标的层级结构。在此结构中,某一层的目标与下一层的目标连接在一起,如果所有人都实现了他们各自的目标,通常情况下,他们所在部门的目标也就完成了。同理,每个部门的目标都完成了,组织的总体目标最终也就实现了。这种目标分解方式保证了组织的总体目标与部门目标、个人目标的一致性,特别是由于目标的确定有目标的实现者亲自参与,使得目标管理成了一种自觉的管理。

2. 对组织的成员具有更大的激励作用

目标管理为每一位成员提供了具体的个人目标,并根据目标的完成情况决定奖惩。成员的个人目标是由其亲自参与确定的,成员通过参与工作目标的确定,反映了自己的意见,明确了工作绩效的考核标准,能够激发其自身工作的积极性,明确自己的工作任务和目的,以达到组织对他们的期望。目标管理的激励作用还体现在目标本身的激励作用上,一般来说,如果成员认同具有一定难度的目标,这一目标本身就对成员具有激励作用。

实行目标管理需要做好以下几项工作:首先,要确定目标,并对目标进行量化;其次,要让成员真正参与目标的确定,要在部门之间、上下级之间、成员之间加强交流,团结一心,达成一致意见;再次,各项目标的完成要注意时间上的配合,要规定目标的完成时间;最后,要注意工作中的信息反馈,做好协调、控制工作。

(六)计划职能在现代图书馆管理中的应用

图书馆在制订和实施计划的过程中,要注意增强两个意识,促进两个结合。

两个意识即民主意识和参与意识。计划的制订要提高民主意识,图书馆馆员参与计划的制订,保证计划科学、合理,质量和数量要求具体明确。计划应符合本馆的实际情况,既不是高不可攀,也不是非常轻松。另外,提高图书馆馆员的参与意识就是要在计划制订的过程中使图书馆馆员明确自己所承担的责任,以及所涉及的工作在整个图书馆管理中的地位和作用,从而使图书馆馆员认识到自身工作的重要性,提高工作热情,变被动工作为主动参与。

两个结合,即长远规划与阶段目标相结合、制订计划的原则性与灵活性相结合。长远规划侧重宏观方面,应主要体现党和国家中心工作对图书馆工作的要求,以及如何促进图书馆事业发展和整体水平的提升。阶段目标是对长远规划的具体化分解,而年度计划是落实长远规划和阶段目标的具体行动纲领,是完成长远规划和阶段目标的基础。年度计划要求有明确具体的条款,将长远规划和阶段目标逐项分解为切实可行的具体任务,对图书馆的日常运营管理具有指导意义。另一个结合是制订计划的原则性与灵活性相结合,制定计划要根据中心工作和图书馆事业的需要,目标明确,措施具体。计划一经制订,必须坚决完成,要保证其权威性。同时要结合本单位的具体实际,考虑到临时出现的突发性、应急性工作对计划的影响,事先留有一定的调整余地。

二、组织

(一)组织的概念

组织既可以作为一个名词,也可以作为一个动词。作为一个名词,组织是指由两个或两个以上的人为了完成共同的目标而形成的集合体。作为一个动词,组织是指组织工作或组织职能。这里所说的组织是指管理的一种职能,即根据组织的既定目标、计划,对各项工作进行分类组合,设计职务、岗位,形成完善的组织机构,明确各岗位的职权和组织机构间的分工、协作关系,并对组织机构中的全体人员指定职位、明确职责、协调其工作,以最优的方式实现既定目标。

组织概念中的基本要素包括以下几项。

(1)明确的目标。组织必须有明确的目标,组织的各项活动必须服从于目标。

(2)根据目标实现的需要确定应进行的工作,并根据工作的性质将各项工作分类。

(3)科学分析各类工作,看它们是否可以进一步合并组合,然后设计出完成这些工作所需的职务和岗位。

(4)根据工作所需职务和岗位的性质设计组织机构。

(5)明确各岗位之间的责任,并赋予相应的权力,确定组织机构中各部门、各层级的关系。

(6)根据工作人员的能力,分配与工作要求相一致的岗位。

(二)组织设计的基本原则

传统的组织设计遵循以下这些原则,现在这些原则需要加以修正,以更好地反映组织活动日益复杂多变的现实。

1. 劳动分工

传统的管理学家一直认为,个人从事专门的活动会提高劳动生产率,会使个人所拥有的特殊技能得到充分发挥。因此,传统管理是对组织中的各项工作按内容、性质的不同进行分类,作为组织机构设计的基础。然而在现代组织中,劳动分工所产生的负面效应越来越明显。首先,由于人们只从事一种劳动,心理上会感到极其单调,极易产生疲劳和厌倦,降低劳动生产率,致使劣质品增加;其次,人的技能被限制在一个领域内,无法进行全面发展,不利于个人的长远发展,也不利于组织培养未来的管理人才;最后,个人的工作与工作的最终效果被远远隔离开来,个人看不到自己工作的成绩,不知道自己对组织的贡献有哪些,也得不到相应的反馈来改进自己的工作,导致工作积极性下降。在这种情况下,人们逐渐认识到,扩大工作活动的范围而不是单纯从事一种劳动,反而可以提高工作效率。现代组织中所提倡的团队式管理、工作轮换等都是这一观点的实际应用。

2. 职权与职责

传统的管理理论认为,职权指的是与管理职位相关的权力,即由于身居管理职位才拥有的权力,这种权力是以规章制度的合法性为依据的。这一观点很符合马克斯·韦伯的行政组织理论,认为组织机构应有明确定义的等级,是一种非个人关系的组织模式,重视的是制度化权力,把组织职位中固有的权力看成影响力的唯一源泉,管理者是充满权威的。传统的管理理论将这种权力作为管理行政组织的基础，要求职权与职责相对等。现代管理理论的观点则认为，一个人不必成为管理者就可以拥有权力，权力也未必与一个人在组织中所处的地位完全相关，权力指的是影响人做决策的一种能力，职权只是更广泛的权力概念的一个要素。权力来源有多种，除了合法的权力外，还有依赖于惧怕的力量而产生的强制性权力，依赖于能给他人施以奖赏而产生的奖赏性权力，依赖于专长、特殊技能或知识而产生的专家性权力，依赖于独特智谋或个人特质而产生的感召性权力等。由于权力的来源多样，组织中的非正式管理者也会拥有权力，并对组织中的其他成员产生影响。因此，现代组织要重视组织中的非正式领导人的作用。

3. 管理跨度

管理跨度也称管理幅度，指的是一位管理者能够有效地直接管理或指挥的下属人数。传统的观点认为，管理跨度与组织层次有关，越是高层的管理者，管理跨度越小，即高层管理者的管理跨度要比中层管理者小，而中层管理者的管理跨度又比基层管理者小。而现在人们已经意识到，事实并不完全这样。与管理跨度更具有相关性的是其他一些因素，因此研究这些相关因素成为研究管理跨度的主要内容。这些相关因素主要有：下属的单独工作能力、管理者的管理技能和经验、下属工作内容的相近性、工作任务的复杂程度、下属工作地点的相近性、管理者的管理工作量大小以及工作中是否使用标准程序等。

4. 组织部门化

传统观点一直认为，组织应对业务工作按内容和性质的不同进行分类组合，并在此基础上进行部门设计，不同的部门从事不同的工作。这种部门设计的方法称为职能部门化。职能部门化长期以来一直被认为是最合理的部门设计方式，除此以外，还有产品部门化、顾客部门化、地区部门化、过程部门化。但在现代社会中，顾客受到了充分的重视，顾客部门化得到了推广，即按照顾客的不同需求进行组织机构的设计。这种组织机构可以更好地监测顾客的需要，也可以对顾客需要的变化做出更快的反应。此外，原来僵化的部门划分受到了另一种形式的挑战，即团队式管理。这种管理方法是将各专业领域的专家组合成一个小组，以完成一项复杂的工作。采用这种管理方法，可以更好地完成越来越复杂的、需要多个专业领域人员才能完成的工作。同时,团队式管理更加重视人的协作和良好的人际关系,团队中的每一个成员都从头到尾参与工作的进行,会看到自己的工作成绩,得到及时的反馈信息,因此对成员具有重要的激励作用。

(三)组织设计的形式

1. 直线型组织结构

直线型组织结构是较为早期的一种组织结构,是由某个层次的管理者全面负责该层次管理工作。这种组织结构权责分明、指挥统一、信息传递迅速,但对管理者的要求很高。因此,它只适用于小型组织,当组织规模扩大时,这种组织结构会对组织的发展形成一定障碍。

2. 直线—职能型组织结构

在这种组织结构中,为各层管理者配备参谋机构或专家充当参谋和助手,但这些参谋没有对下级的指挥权。这种组织结构的优点是专家们发挥专业所长,为管理者提供工作上的支持,弥补直线型组织结构的缺陷。缺点是由于各参谋机构追求职能目标而看不到全局的最佳利益,同时,这种组织结构也不能给未来的高层管理者提供有效训练的机会。

3. 分部型组织结构

随着组织的发展壮大,直线型组织结构和直线—职能型组织结构都无法满足组织不断更新的需要了,这时又出现了分部型组织结构。这种组织结构是在高层管理之下,按产品、地区设置若干分部或事业部,每个分部或事业部一般都是相对自治的,由分部管理者对分部全面绩效负责,同时拥有充分的战略和运营决策权力。这种组织结构的优点是各分部有充分的自主权,能够较好地适应环境的变化;总部的高层管理者可致力于长远规划的制订。另外,这种组织结构也是培养高层管理者的有力手段。缺点是各分部各自行动会导致组织的资源重复配置,总成本上升;同时,分部的权力如果过大,会削弱本部的管理,各分部之间的工作协调比较困难。

4. 矩阵型组织结构

现代组织工作任务的复杂性较以前有了很大提高,很多工作必须依赖于多个专业人员的配合才能完成。但在分部型组织结构中,各分部之间的协调比较困难,因此出现了矩阵型组织结构。这种组织结构是按照工作任务的需要单独组建工作小组,由专业职能部门派人参加,小组中的成员既接受工作小组的领导,又接受专业职能部门的领导。这种小组可以是临时的,也可以是永久的。矩阵型组织结构既保留了将职能专家组合在一起所具有的经济性,又避免了分部型组织结构中难以协调的困难。专家组合、专门化资源共享,促进了职能专家间的协调,明确了各职能活动对特定产品或项目有关的责任,同时,它也加强了一系列复杂而独立的项目之间的协调。但矩阵型组织结构容易造成管理上的混乱,因为其在某种程度上违反了统一指挥的原则,职能经理与项目经理的关系有时会处理不好。

5. 网络型组织结构

网络型组织结构是一种较为新型的组织结构。在这种组织结构中,只有很小的中心组织从事最具有竞争优势的活动,而组织的其他业务工作如制造、分销、开发则依靠其他组织以合同为基础来进行。网络型组织结构赋予组织高度的灵活性,使组织集中精力做它们擅长的事。缺点是控制能力较弱,某些由其他组织来完成的业务工作不易控制,如供应品的质量难以预料,交货期难以保证,设计上的新成果易被窃取。现代很多组织虽然不是完全采用这种组织结构,但在某种程度上应用了这种组织结构的设计思想,如将组织中的某些业务工作外包出去,以减少人力、物力的投入,依靠社会上的专业公司来提高工作效率和质量等。

6. 附加式组织结构

附加式组织结构是在直线—职能型组织结构的基础上,成立临时任务小组,这样既保证了组织的发展处于一种稳定状态,又将专业人员和特定资源组合在一起,提高了组织完成复杂工作的能力。

(四)组织设计中应注意的问题

组织设计中应注意以下问题。

1. 组织结构的设计应符合组织的发展战略

结构应当服从战略，如果组织的战略做了重大调整，那么就需要修改组织结构以适应和支持这一调整。

2. 组织结构的发展方向

今天的组织需要对快速变化的环境做出迅速应变，组织结构趋于向构成越来越精干、层次越来越简单、反应越来越灵活、人员越来越少的特点转变。扁平化是组织结构发展的方向。

3. 顾客在组织中的重要性

对于任何一个组织来说，顾客都占据着重要地位。通常大多组织是从自身的状况出发，依照职能进行组织结构的设计。现代组织需要重点研究顾客的需求，并按照顾客的需求变化迅速做出应对措施。因此，现代组织要按照顾客的需求进行组织结构的设计。

（五）组织职能在现代图书馆管理中的应用

组织作为一项基本的管理职能，其核心问题是组织结构的设置，它对组织的人员安排、职权划分、管理跨度与管理层次等都具有决定性作用。所以对于组织职能在现代图书馆管理中的应用，本书主要探讨图书馆组织结构的现状、问题及一些可行性的改进意见。

信息时代的图书馆服务无论是从思想观念到服务形式，还是从文献类型到读者和用户的需求，都发生了巨大的变化。传统的组织结构难以适应信息社会对图书馆服务提出的新要求，组织结构上存在的许多弊端有待改善。这些弊端主要表现在以下几个方面。

1. 在业务部门的划分上存在着划分标准混乱的问题

我国大多数图书馆现行的组织结构是金字塔型、层级制、直线型、垂直式。事实上，这种组织结构的产生是因为早期的图书馆是以收藏图书这种单一的文献为主，因而按功能划分为采访、分编、典藏、阅览及流通等部门，基本满足了图书从进馆到使用的手工作业的工作流程。随着期刊的问世和广泛利用，出现了期刊部；随着现代技术在图书馆工作中的运用,又增设了技术服务部……所以说,传统的组织结构既按功能区分,又按提供文献载体的形式划分,其划分标准比较混乱。

2. 部门级机构设置较多,部门划分过细

不同部门业务工作差别很大,人员数量悬殊,多则几十人,少则只有二三人,难以引入竞争机制,不利于图书馆管理者对下级部门的领导,工作中部门与部门之间互相推诿,相互协调比较困难。与传统文献相关的部门划分得过细,浪费人力、物力、财力,制约了图书馆整体功能和图书馆馆员个体潜能的发挥。分编部、技术服务部与读者和用户接触的机会较少,难以发现工作中存在的问题,不利于改进工作方法、提高工作质量。

3. 人员分配不合理

传统的组织结构中从事采访、编目、典藏等技术性服务的工作人员过多,相对削弱了服务读者和用户的人员的比例。服务部门专业人员投入不足,服务工作难以深入、广泛地开展,难以完成文献信息服务工作从被动型向主动型的转轨。传统的组织结构束缚了图书馆在信息社会的发展,图书馆难以跳出"以图书为主,以收藏为主"的旧框架。

组织结构的模式永远是相对的,它随着时代的发展、社会实践的不断变化而变化,静态僵化的图书馆组织结构只能成为图书馆事业发展的绊脚石。因此,适时改善、变革、更新图书馆组织结构是符合客观发展需要的。在图书馆组织结构的改革过程中,没有一劳永逸的方法,也没有可以固定套用的模式,各图书馆应根据自身的实际情况,采取符合本馆人力、物力、财力现状的改革措施。但有些原则是变革过程中应当遵循的,是对图书馆发展具有指导意义的,它们具体包括以下两点。

第一,认清现状,消除抵制心理。由于改革对图书馆馆员职业习惯、安全感和经济利益产生了影响,改革过程中会面临种种阻力。要客观分析图书馆组织结构变革中的阻力,管理者要认清哪些因素是可以改变的,哪些因素是不能变动的,将精力集中在可控因素上。同时应提高图书馆馆员的参与程度,其参与程度越深,承担责任的可能性越大,从而改革阻力越小。

第二,在组织结构的设计上,要将"以文献为中心"变为"以读者和用户为中心”。要强调图书馆具有“信息”职能而不仅是“文献”职能;要强调“服务”职能而不仅是简单地反映文献资料的“物流”过程;要强调“用”的职能而不仅是“藏”的职能。另外,今后读者和用户对文献的需求不再局限于整本图书、整篇文献,而是需要图书馆馆员通过智力劳动加工而成的信息情报,需要图书馆馆员将馆内资源与网络资源及服务有机地结合起来。可以根据读者和用户的专业需要将高水平图书馆馆员划分成若干个作业组,有针对性地对文献进行深层次开发,完成从资源引进到开发利用的一体化作业。

三、领导

(一)领导的概念

领导一词既可以作为名词,又可以作为动词。作为名词的领导指的是领导者,即那些能够影响他人并拥有管理权力的人。作为动词的领导指的是领导活动、领导职能,即在一定的社会组织或群体内,领导者为了实现组织目标,运用其法定权力和自身影响力,采用一定的形式和方法,率领、引导、组织、指挥、协调、控制被领导者去完成预定组织目标的行为过程。管理职能中的领导概念指的是后一种,它包括以下要素。

1. 领导是一种活动过程

这种活动过程不仅包括领导者,还包括被领导者和领导环境,因此,只有领导者一个因素无法开展领导工作,也无法衡量领导工作的有效性,领导工作必须在特定的环境中通过特定的被领导者才能开展。

2. 领导任务要通过被领导者的行动才能完成

领导者通过领导行为引导和激励被领导者去实现组织目标,但不是直接去完成工作任务,领导的效果取决于被领导者的活动,即被领导者是否接受领导。

3. 领导活动具有目的性

领导工作的开展需要围绕组织的目标来进行,领导者要根据组织的目标,有效组织各项资源,协调各项工作的开展,激发下属的工作积极性。领导工作的有效性要通过组织目标的实现程度体现出来，只有达到了组织目标的领导活动才是有效的。

（二）领导的权力来源

对别人的行为进行直接指挥只是拥有正式权力的一种体现，其实能够影响他人行为和决策的都可以叫作拥有权力。如上所述，传统的管理理论认为，只有理性化、法律化的权力，才能成为管理的行政组织形式的基础，这种权力来源于组织任命的职务或职位。但现代管理理论认为，组织中不仅存在正式的权力，还存在非正式的权力，权力不仅伴随着组织中正式的职务或职位，还有其他来源。权力的来源有以下几种。

1. 法定权力

法定权力是指由于在组织中担任领导职位而拥有的固有的、合法的、正式的权力。这种权力伴随着组织中的职务或职位产生，无论是谁占据这一职位，都将拥有这一权力，这种权力是下属必须服从的，不仅有组织制度作为保障，而且人们由于受传统习惯的影响，会自觉服从这种权力。

2. 奖励权力

奖励权力是指由于可以为他人提供奖金、提薪、升职、赞扬、理想的工作安排等使人愉快的东西而产生的权力。这种权力来源于下属的需求，奖励的物质对下属来说越重要，激励的水平就会越高。但需要注意的是，奖励的数量要有所控制，因为奖励会提高下属的期望值，如果奖励一直很丰厚，那么当奖励减少的时候就起不到激励作用，甚至会使下属感到失望。

3. 强制权力

强制权力是指由于可以剥夺他人所喜爱的东西而对他人所产生的影响力，如扣发奖金、降职、批评以至开除等。这种权力来源于下属的恐惧感。一般来说，强制权力不能用得过多，否则会挫伤员工的工作积极性，影响和谐的工作气氛，导致员工产生反感和离心力，甚至离开组织。

4. 专长权力

专长权力是指由于拥有某种特殊技能或某些专业知识而形成的权力。这种权力来源于下属的信任，当领导拥有某项专业技能，能够在工作中指导下属时，下属就会对领导产生信任。因此，一般来说，领导应对工作有较为全面的了解和把控，能够在下属不能解决问题时给予帮助。

5. 个人影响权力

这种权力是指与个人的品质、魅力、性格、资历、背景等相关的权力，它来自下属对领导的尊敬。因此，领导应不断地加强自身修养，对待下属要胸襟开阔，公正民主，尊重他人，任人唯贤；在工作中要廉洁自守，正直可信，诚实坦率，要具有强烈的事业心、高度的社会责任感，勇于开拓、大胆进取；在重大事件面前，保持冷静沉着。领导者良好的道德品质有助于增强对下属的影响力。

6. 情感权力

这种权力是指通过与下属之间的感情交流，关心下属，从而赢得下属的尊敬和爱戴，愿意接受其领导的一种权力。它来源于下属的情感和归属的需要。因此，作为一名领导，不仅要使用物质激励手段，更要重视情感激励，要真正关心员工的生活和工作，为他们营造良好的工作氛围、构建和谐的人际关系，让他们真正感到自己是组织中的一分子。

7. 参与权力

参与权力的拥有者不是领导者，而是与领导者或某权威人物有特殊关系的人物。这些人凭借这种特殊关系，可能会对其他人产生影响。这种权力往往会导致腐败。因此，领导者在工作中应设法减少这种权力带来的不利影响。

(三)领导效果的影响因素

领导工作的效果不完全是由领导者所决定的，它取决于三个相互作用的因素，即领导者、被领导者和领导环境。

1. 领导者

领导者是领导工作的主体，领导活动的进行是由领导者来开展的。领导者的能力、素质、知识水平、性格、品质、魅力等都与领导的效果有关。提高领导工作的有效性要从领导者做起，领导者要加强自身的道德修养，提高文化水平，在新的环境中要保持持续学习的状态。要丰富有关领导方面的知识，懂得如何开展工作，如何发挥下属的作用，如何进行计划、组织、决策，如何领导自己的组织发展。

2. 被领导者

被领导者是领导工作的客体，在领导工作中，虽然被领导者是受支配的一方，但对领导效果却起着直接的决定性作用。因为领导者是通过领导被领导者来完成工作任务、实现组织目标的。无论领导者做什么，其效果都取决于被领导者的活动。被领导者的工作能力、经验、独立性、心理素质、是否愿意承担责任等都会影响到领导效果。对于一个工作经验不足、没有能力独自完成工作、急需获得帮助的下属来说，提供工作指导、监督是必要的，会收到良好的领导效果；但对于一个工作经验丰富、希望独自完成工作的下属来说，工作指导和监督就成了多余的东西，甚至会引起员工的反感，降低工作效率。因此，领导者的领导工作要根据不同的被领导者来开展。

3. 领导环境

领导环境指组织的内部环境，它决定了领导方式的有效性。大量研究表明，没有一种领导方式在所有的环境中都是适用的，领导方式应根据环境的不同而不同。领导环境包含的因素有：工作的标准化程度、组织目标的明确化程度、组织中规章制度的健全程度、组织信息渠道的畅通程度、组织规模的大小、组织文化的强弱以及领导与员工之间的关系等。不同的领导环境对领导工作的要求是不同的。在工作标准化程度很高、规章制度又很完备的组织中，领导的直接控制就不用太强；而在组织目标不明确、规章制度不健全、需要下属发挥自己的能动性来解决问题时，领导者就有必要给予一定的指导。

(四)领导方式分类

领导方式是指领导者与被领导者之间产生影响和作用的方式，根据不同的标准，可以有不同的划分。

1. 根据领导者运用权力的范围和被领导者自由活动的程度，可将领导方式分为

（1）集权型领导方式。在这种领导方式下，领导者大权独握，所有的事由领导者一人说了算，领导者单独做决策，然后让被领导者执行，被领导者只能听从命令，没有发言权。

（2）参与型领导方式。在这种领导方式下，领导者与被领导者一同制定决策，被领导者可以在决策制定过程中发表见解，领导者重视被领导者的建议和需求，并将其反映到决策中。

（3）宽容型领导方式。在这种领导方式下，领导者与被领导者共同制定组织目标，然后给被领导者充分的自主权，让其在工作范围内自由行动，并给其提供达到组织目标的各种支持。

2. 根据领导重心所在，可将领导方式分为

（1）以事为中心的领导方式。这种领导方式以事为中心，重视工作任务的完成情况，重视工作效率，强调以最小的投入换取最大的产出。在这种领导方式中，工作的进度、质量和数量是领导关心的重点，而员工的情感、需要则不予考虑。

（2）以人为中心的领导方式。采用这种领导方式的领导重视组织中的员工，认为人是最重要的。他们为员工提供良好的工作环境，创造和谐的人际关系，重视员工的需要，并通过各种物质和精神奖励来给予员工满足感，给员工的成功提供各种机会，并通过这种方式提高员工的工作满意度，从而实现工作的高效率。

（3）人事并重的领导方式。在这种领导方式中，人和事都得到了充分的重视。既注重员工的需要，又重视生产效率的提高。一方面强调为员工创造良好的工作条件和发展机会；另一方面强调工作的进展状况，要求保质保量完成工作。

（五）现代西方的领导理论

1. 领导者品质理论

领导者品质理论假设领导者具有与一般人不同的特点，正是这些特点的存在，使他们成为成功的领导者。领导者品质理论研究的核心问题是具有什么样品质特

征的人能够成为良好的、有效的领导者,如身体特征、背景特征、智力特征、性格特征、与工作相关的特征、社交特征等。然而,这一研究最后以失败告终,主要是因为没有找到哪些个人特征可以区分领导者与普通员工,哪些个人特征可以区分有效领导者与无效领导者。但无论如何,毕竟还是有一些特征与成功的领导者有很大的关系,如高度的进取心、强烈的领导愿望、丰富的工作经验、诚实正直的品质、聪慧的头脑以及丰富的学识等。

2. 领导方式连续统一体理论

领导方式连续统一体理论是由美国管理学家坦南鲍姆(R. Tannenbaum)和施密特(W. H. Schmidt)提出的。在他们之前,有人对领导方式进行过研究,总结出集权型、参与型和宽容型三种领导方式,坦南鲍姆和施密特在此基础上认为,在这三种领导方式之间还存在着多种过渡的领导方式,这些不同的领导方式构成了一个连续不断的统一体。从以管理者为中心过渡到以下属为中心的领导,有七种领导方式:

(1)一切由领导做决策,下属只能单纯接受。

(2)领导做出决策后,向下属做出解释,使下属接受。

(3)领导做出决策后向下属征求意见,允许下属提出问题。

(4)领导提出决策草案,允许下属讨论修改。

(5)领导提出问题,向下属征求意见后再做出决策。

(6)领导提出限制条件让下属做决定。

(7)领导允许下属在规定的界限内自由行动。

领导方式连续统一体理论并没有指明这七种领导方式的正确与错误,只是给出了一种选择,即领导者在选择具体领导方式时要考虑相关因素的影响,这些相关因素主要指领导者自身因素、下属因素和环境因素三个方面。

3. 参与管理理论

美国密歇根大学的伦西斯·利克特(R. Likert)和他的同事们,以数百个组织为对象,对领导方式进行了大量研究,把美国企业的领导方式归结为四种类型:专制命令型、仁慈命令型、协商民主型、集体参与型。利克特认为,专制命令型领导方式具有以工作为中心的特征,集体参与型领导方式具有以人为中心的特征。经过调查发现,集体参与型领导者比专制命令型领导者有更高的绩效。因此,他大力倡导集体参与型的领导方式,提倡在领导工作中要关心人的情感。

4. 领导方式的双因素模型

以美国俄亥俄州州立大学的斯托格第(R. M. Stogdill)和沙特尔(C. L. Shartle)为核心的研究小组对企业的领导行为和领导方式进行了一系列调查研究,发现领导行为主要包括两个方面:一是指领导者从事的一系列组织、计划、领导、控制等有关工作的行为;二是指领导者与下属建立友谊、信任、尊重以及情感方面的行为。领导者是更关心工作还是更关心人构成了两种领导方式,即以工作为中心的领导方式和以人为中心的领导方式。他们认为,这两种领导方式不是相互排斥的,一个领导者不是只能非此即彼地选择,而是应当把它们结合起来,并且有多种结合方式。领导者应当在组织的需要和个人的需要之间加以适当调节,找出最有效的领导行为和领导方式。他们提出以四分图形式来研究领导行为和领导方式,所以这种理论又称"四分图理论"。基本的领导方式有四种:高组织低关心人、低组织低关心人、低组织高关心人、高组织高关心人。普遍认为,高组织高关心人的领导方式更能取得良好的效果。

5. 菲德勒的权变领导理论

弗雷德·菲德勒(Fred E. Fiedler)认为,领导者的基本领导方式是不变的,经过研究,他将基本领导方式分为关系取向型和任务取向型。选择哪一种领导方式要取决于组织环境。组织环境的情况主要包括三个方面:一是领导者与下属之间的关系,即组织成员对其领导者信任、喜爱或愿意追随的程度,这种程度越高,则领导者的权力越大;二是工作结构,即对工作规定的明确程度,规定越明确,领导者的权力越大;三是地位权力,即领导者正式职位权力的强弱程度,领导者正式职位权力越大,影响力就越大。这三种不同的组织环境情况决定了领导者在组织中有利或不利的情况,根据具体情况,领导者要采取不同的领导方式。

一般来说,在中等有利的条件下,关系取向型的领导方式最好;在不利或最有利的条件下,任务取向型的领导方式最好。由于领导效果的好坏受领导者个性和组织环境两个方面的影响,因此,如果领导效果不好,可以通过更换领导者来适应环境或改善组织环境来适应领导者的方式来加以改变,具体方法如改善上下级关系、明确组织责任制度等。

6. 目标—途径领导理论

目标—途径领导理论是罗伯特·豪斯(Robert J. House)提出的一种领导权变模型。他认为领导者领导行为的有效程度取决于领导是否能激励下属达到目标并在工作中获得满足,领导者的工作是帮助下属确定挑战性的目标,找到实现目标的最好途径,保持下属的目标与组织的总体目标相一致,并提供必要的指导和支持以确保下属目标的实现,消除下属在实现目标的过程中出现的重大障碍。他提出了四种领导方式:

(1)指令型:领导者发布指示,让下属知道该做什么,以及完成工作的时间安排,并对下属如何完成工作给予具体指导,下属不参与决策。

(2)支持型:领导者对下属很友善,并表现出对下属需求的关怀。

(3)参与型:下属参与决策的制订和日常工作的管理。

(4)成就指向型:领导者为下属设定富有挑战性的目标,并期望下属发挥自己的最佳水平,实现目标。

与菲德勒的观点不同,豪斯认为同一个领导者可以根据不同的情况实施任何一种领导风格。这些不同的情况是指:一为员工个人特点,如员工的受教育程度、对成就的渴望、理解能力、愿意承担责任的程度、对独立的需求程度等;二为环境因素,包括工作的性质、正式权力组织、非正式权力组织等。如果要使下属的产出最大,领导者应根据环境因素采取不同的领导方式。当环境结构与领导者行为相比呈重复多余或领导者行为与下属特点不契合时,效果均不佳。只有当领导者弥补了下属或环境方面的不足,才会对下属的绩效和满意度产生积极的影响。如下属能力不足,工作程序化不高时,就需要领导做出具体的指导,这时采用指令型的领导方式为佳。

7. 领导生命周期理论

领导生命周期理论由科曼(A. K. Korman)首先提出,并由保尔·赫西(Paul

Hersey)和肯尼斯·布兰查德(K. Blanchard)予以发展。这一理论认为领导者采取什么样的领导方式,要依据下属的成熟度水平进行选择。所谓的成熟度是指下属的工作经验、知识水平、成就动机以及对自己的直接行为负责任的能力和意愿。下属的成熟度会从不成熟向成熟发展,领导方式也要随之发展,以适应其下属的成熟程度。在这一理论中,领导方式被分为四种:

(1)命令式:领导者定义角色,告诉下属应该干什么、怎么干以及何时去干。

(2)说服式:领导者同时提供具有指导性的行为与具有支持性的行为。

(3)参与式:领导者与下属共同决策,领导者的主要角色是提供便利条件与进行沟通。

(4)授权式:领导者提供极少的指导或支持。

当下属处于不成熟阶段时,命令式的领导方式最为有效;当下属处于初步成熟阶段时,说服式的领导方式最好;当下属处于比较成熟阶段时,参与式的领导方式能发挥最大效用;当下属处于成熟阶段时,则应采取授权式的领导方式。

(六)领导职能在现代图书馆管理中的应用

从对西方领导理论的分析中可以看出一个大致的发展方向,即从品质研究到领导方式研究,再将领导方式与环境、下属的变量结合起来,发展为权变的观点。西方的领导理论有其科学性,但也有其局限性,我们应对这两方面都有充分的认识,才能更好地指导现代图书馆的工作。

(1)单纯的领导者品质理论对解释领导行为具有一定作用,但并不充分,它忽略了领导者的行为和情境因素。对图书馆的领导来说,加强自己的修养是必要的,但不是唯一的,还要考虑到领导行为和所面临的环境,主要有图书馆馆员和图书馆两大因素。图书馆的领导必须根据环境的不同来选择相应的领导方式,采取正确的措施。

(2)菲德勒的权变领导理论提出,领导者要根据在组织中有利或不利的情况采取不同的领导方式,这一观点考虑了权变因素,有积极的作用;但他对个体的基本领导风格的确定过于简单,同时又认为领导者的基本领导风格是不变的,这一观点具有一定的片面性。豪斯的目标—途径领导理论对这一观点予以了修正,认为同一个领导者可以根据不同的情况实施任何一种领导风格。根据豪斯的观点,领导者的领导方式不是一成不变的。因此,图书馆的领导者应该不断加强自身的学习,掌握有关的领导理论和领导方法。

(3)利克特的参与管理理论大力倡导集体参与型的领导方式,提倡在领导工作中要关心人的情感。在现代图书馆管理中,需要树立以人为本的思想,利克特的参与管理理论具有较大的指导价值。图书馆应采取集体决策的方式,即让图书馆馆员参与决策,鼓励集体参与目标的确定;在领导过程中,图书馆领导对图书馆馆员应持完全信赖的态度,倾听和酌情采纳图书馆馆员的意见,在上下级之间灌输相互信赖的精神,可以充分地交换意见和讨论问题;信息在上下级人员之间传递畅通;质量控制被渗透到图书馆的各个角落,并强调实行共同监督和自我控制。然而,利克特的参与管理理论看问题的方法还存在着片面性和静止性。领导生命周期理论较好地补充了这些缺陷,认为下属的成熟度会从不成熟向成熟发展,为了提高图书馆馆员的成熟度,图书馆需要大力开展培训工作。

(七)领导职能在现代图书馆管理应用中须注意的问题

评价现代图书馆管理水平高低的指标有许多,领导者领导水平的高低肯定是其中非常重要的一项。一个现代图书馆,拥有一位懂业务、专业化,同时又有一定知名度的馆长,这应该是最起码的标准和要求。另外,图书馆领导在图书馆日常运营活动的管理过程中,还应注意以下两个方面的问题。

1.加强自身修养,发挥人格魅力

作为一名优秀的图书馆领导者,应至少具备三个方面的基本条件:一是知识,图书馆领导者应掌握管理学和图书情报学的一些基本理论知识;二是经验,图书馆领导者应有多年从事图书馆工作的经验;三是能力,包括技术、人事和综合全局这三项基本能力。除了以上这些基本条件外,作为一名优秀的图书馆领导者,还应有强烈的事业心和责任感,勇于承担社会责任;要有为读者和用户及图书馆馆员服务的热情,要带领图书馆馆员服务社会;要有与他人合作的意识,做好内外部资源的整合,提高图书馆的服务质量。

2. 不断改进领导方式和提升领导技能，在图书馆内部成员之间进行有效的沟通

沟通是互通信息、化解矛盾、保持组织持久活力的重要手段。图书馆领导应具备倾听的技巧，要经常与图书馆馆员进行交流，努力消除沟通中的障碍。另外，可在图书馆内部实行团队管理和时间管理，提高管理的质量和效率。

（八）领导的艺术

领导不仅是一种科学，也是一种艺术。领导艺术就是领导者在行使领导职能时，运用自己的知识、智慧和经验，在领导活动中表现出来的工作技能和技巧。领导艺术是一种灵活的工作方式。在领导工作中，领导者除了运用科学的领导方法以外，还需运用领导艺术，以充分发挥领导效能。

1. 用人的艺术

领导者要公正，在用人上要秉持任人唯贤、一心为公的原则，而不能任人唯亲或论资排辈。对待下属要坦诚，对所有的组织成员都应做到以诚相待。在奖惩上要严明规章制度，不能做老好人，不能把下属当作手足，不能接受下属的所有要求，必须做到赏罚分明。下属不是机器，领导者不能总是命令下属，那样会引起下属的反感，降低领导效果。领导者应加强与下属的沟通，用感情、信任赢得下属的服从，以德服人。在工作中多听取下属的意见，不可傲慢待人，不可与下属冷面相对，不能总是高高在上。要创造良好的上下级关系，尊重下属的人格、意见、权利和劳动成果，使下属感到和这样的领导者一起工作，心情舒畅，产生知遇感，提高工作的积极性。

领导不能向下属硬性灌输自己的观点，要有说服别人的技巧，以理服人。对付思想顽固的下属要有耐心，当其抱怨的时候，要学会倾听，领会其言外之意，化解其的不满，切忌用压制来平息不满。要正确地采用批评手段，不要乱发脾气，不要有偏见，在批评时要根据不同的对象、事件，选择合适的时间和地点，不要在愤怒中批评下属。批评工作要做好准备，使用合适的语言和方法，掌握批评的程度和批评的频率。领导者还要注意维护组织内部的团结，解决组织内部出现的问题和冲突，协调各方在认识上和利益上的矛盾，团结一切可以团结的力量。

2. 对己的艺术

领导者要重视自身修养的提高，要增强自己的文化水平和业务技能，以专业知识赢得下属在工作中对自己的信任和依赖。要培养自己的优秀品质、性格魅力，来影响下属，以增强自己的感召力。要在工作中起到表率作用，处处以身作则，言行一致。要严格要求自己，把组织、集体的利益放在第一位，不能因私废公。要严于律己，宽以待人，积极承担责任，即使是对下属授权，当下属有过失时，也应引咎自责，寻找自身原因，并积极协助下属纠正过失。

3. 用权的艺术

领导者用权要谨慎，要广泛听取群众的意见，不可独断专行，也不可偏听偏信，要全面地考虑问题，对于重大问题的决策，应采用民主的方式，广纳意见，以减少决策的失误。领导者要努力维护自己的威信，一诺千金，自己说过的话必须负责，不能朝令夕改，不能乱开“空头支票”。领导者要树立权威，令出如山。命令的发布要明确，不能有含混不清的地方，命令一旦发布，要求下属必须严格执行。对待不执行命令的下属，该批评的就批评，不要怕得罪人。不能滥用权力，但行使权力一定要果断。此外，领导者在工作中要做好授权工作，要给予下属在自己工作范围内的合理的自主权，授权时要注意因事用人并明确任务和责任范围，授权后要进行必要的监督和控制，对下属的工作仍然要给予一定的支持、关心和帮助。

4. 办事的艺术

领导者在工作中要集中精力抓好大事、要事，尽量不陷于日常事务。工作中要尽力清除一切形式主义、繁文缛节，重视实干。属于下属职权范围内的事情就让下属负责，尽量不代替下属处理其职权范围之内的工作。领导者还要科学利用自己的时间，追求高效率工作。领导者对待困难要有知难而进的精神，面对问题要保持冷静的态度，在日常工作中要有危机意识，做到高瞻远瞩，在顺境中预见日后可能会出现的危机，早做准备，以减少或消除危机，确保组织持续、稳定地向前发展。

四、控制

(一)控制的概念

控制是为了使组织的活动达到预定的目标、保证各项工作按计划执行、纠正各种偏差的过程,也可以说控制是为了保证组织活动与计划相一致的一种管理活动。控制的基础是计划,控制所依据的标准来自于计划。组织所进行的工作,虽然是按照计划来进行的,但实际上,由于组织的内部条件和外部环境总是处于不断变化的运动状态,组织的活动与计划必然会出现各种偏差。控制工作就是将实际工作与计划加以对比,找出不同之处,继而探查偏差产生的原因,制定纠正偏差的措施并具体实施,使组织工作按计划进行。控制的目的并不是要保证计划一成不变,而是要保证组织的运行更有效率、更加符合客观环境的发展变化。因此,控制工作也是对计划工作的检验,当实际情况要求计划发生改变时,控制活动也会为计划的重新制订提供信息。

(二)控制的过程

控制的过程如下。

1. 制定标准

标准是控制工作中对实际工作加以评价的依据,指的是组织所期望达到的理想状态。从某种程度上说,它可以等同于组织的目标。组织目标的制定是计划工作的内容,因此计划是控制开展的前提,控制是计划实现的保证,二者存在着不可分割的联系。进行控制工作的第一步就是要找出对于组织来说比较重要的工作,然后对这项工作设定标准,并在组织中推行下去。

2. 对组织的运行进行监控,衡量实际绩效

要对组织中重要工作的完成情况进行衡量,衡量的指标要同所制定的标准统一起来,这样才能保证衡量结果与标准具有可比性,为下一步的工作奠定基础。衡量的方法有现场观察、统计报告、口头汇报、书面报告等多种类型,但无论使用哪种类型,都必须进行实际的调查研究,获取大量的真实信息。

3. 比较实际绩效与标准之间的偏差

通过比较制定的标准和组织的实际绩效，找出两者间存在的偏差，并将偏差反馈给上级管理者。管理者应特别注意偏差的大小和方向。偏差的方向有两种：一种是正偏差，即实际绩效超出了标准的要求；另一种是负偏差，即实际绩效低于标准的要求。无论是哪种偏差，都不能任其自由发展下去，要找到偏差的性质、偏差范围的大小以及偏差发生的时间和地点，最终确定偏差发生的原因。

4. 采取管理行动来纠正偏差或调整标准

偏差发生的原因会告诉管理者究竟是哪里出了问题。如果是标准制定得不合适，或在计划阶段对信息获取不充分而导致组织在目标确定过程中出现问题，就应重新确定组织目标；如果是实际工作中出了问题，就应采取有效措施，规范组织行为，如重新设计组织结构、重新分配工作、进行人事调整、开展人员培训、重新分配资源等。一旦产生偏差，就要采取相应的纠正行动。纠正行动可分为立即纠正行动和彻底纠正行动两种。立即纠正行动是采用临时性方法，阻止问题继续发展；彻底纠正行动是将问题彻底解决，这是控制活动的目标。

（三）控制的类型

控制可以按照不同的标准，划分成以下类型。

1. 按照控制与实际问题产生的时间先后划分

（1）前期控制。指在实际问题发生之前就采取管理行动，目的是防止组织资源的浪费。这种控制需要在及时、准确的信息指导下才能进行。

（2）同期控制。指发生在组织活动进行之中的控制，这种控制可以帮助管理者在发生重大损失之前及时纠正实际问题。

（3）后期控制。指实际问题发生之后所进行的控制，目的是找出实际问题出现的原因，并为以后的工作寻找出改进的方法。后期控制是在实际问题发生之后才采取的措施，损失已经造成了，控制并不能减少损失，但它可以为管理者提供关于计划的效果究竟如何的真实信息，并为以后的工作提供改进的建议。并且，这种控制需要以积极的态度来进行，才能挽回员工的信心，以保持他们工作的积极性。

2. 按照控制的手段划分

(1)直接控制。直接控制主要指用行政方法,这种方法具有权威性、强制性、稳定性、具体性的特点,适合处理特殊问题。可通过强有力的行政措施及时处理新情况、新问题。直接控制可以灵活运用,可以因时、因地、因人而不同。但是这种控制的效果会受人为因素的影响。

(2)间接控制。间接控制主要指用非行政方法,如法律方法。这种方法具有规范性、强制性、稳定性、可预测性的特点,适合处理共性的、一般性的问题。但是间接控制缺少灵活性和弹性,不便于处理特殊问题,不便于及时处理管理中出现的新问题,不利于发挥系统的积极性、主动性及创造性。

(四)控制的内容

1. 人员

管理者让员工按照其所期望的方式去工作是非常重要的。管理者是通过他人来实现组织目标的,员工只有按照计划去工作,组织的目标才能实现。管理者对员工的控制方法主要有直接巡视和评估员工的表现两种。直接巡视是一种较为直接和强硬的方法,一般来说,员工处于被巡视的状态中,工作总是比较努力的;评估员工的表现是一种间接的、缓和的方法,通过对员工工作绩效的评估,员工了解到被期望的绩效和工作中的不足,产生心理上的压力,从而按照管理者所期望的方式工作。要使员工按照管理者所期望的方式工作,还可以采取以下方法:认真筛选员工,保证员工的能力符合职务的需要;让员工参与确定组织目标,充分考虑他们自身的意愿;对员工的工作进行直接监督;开展员工教育和培训,增强他们工作的主动性、积极性;开展绩效评估,并将劳动报酬与工作绩效挂钩;建立良好的组织文化;等等。

2. 财务

财务控制的目的是降低成本,并使资源得以充分利用。对于图书馆来说,主要组织目标之一是提高运营管理经费的利用效率。图书馆的运营管理经费比较有限,而且存在着一定程度的管理不善的问题。图书馆要加强对运营管理经费的统筹规划，同时保证各种工作设备得到充分利用。

3. 业务工作

组织中各项业务工作的开展需要管理者的评价和控制，对各项业务工作的考察可以准确获知组织转换过程的效率和效果，包括工作是否按计划进行、是否偏离了目标，工作进度是否符合规定，产品的质量有没有保证等。

4. 信息

组织活动的开展需要大量的信息，控制工作要保证在正确的时间、以正确的数量、为正确的人提供正确的数据。这样可以提高工作效率，减少低效工作。

(五)控制中应注意的问题

控制中应注意以下问题。

1. 控制过度

员工需要一定的自由度和自主权，重视控制的同时也要重视员工的切身利益。控制的实施必须与员工的绩效切实相关，否则，员工就会反对这种控制，产生抵触情绪，造成效率低下并不再信任管理者。

2. 工作不及时

现实情况千变万化，控制工作必须及时，否则就会丧失良好的时机，无法达到控制的目的。高效率的控制系统，要求能够迅速发现问题，并及时采取纠正措施。

3. 控制的标准不客观、公正

控制的标准应尽可能客观、公正，便于衡量。

(六)控制职能在现代图书馆管理中的应用

图书馆作为一个完整的、系统的组织，应该建立独立的控制系统。

1. 完善统计制度

图书馆系统的各种统计数据是该系统运行状态的反映，是反映图书馆工作开展情况的依据，也是最基本的反馈信息。统计数据除了包含馆藏文献、运营管理经费、人员、馆舍、读者和用户等基本项目数据和采购、编目、流通等重要项目数据外，还应增加分析项目数据,并与上一年度的数据进行对比。统计工作要有专人负责,按时将统计数据反馈给控制系统,以供领导决策。

2. 重视对读者和用户的调查

图书馆管理的最终目的是最大限度地满足读者和用户对各类文献的需求,即在适当的时间为适当的读者和用户提供适当的服务。读者和用户的评价是非常有价值的反馈信息,应予以高度重视。不能停留在被动接收信息上,应主动去获取。一般采取的方法有:组织综合性和各类专题性抽样调查,直接听取读者和用户的评价等。

3. 充分实行民主管理

吸纳图书馆馆员参与组织决策等管理活动,对管理工作实施监督,做出评价,并及时向控制系统提供反馈信息。具体操作过程中,可采用召开民主讨论会方式,对每一项决策内容先征求图书馆馆员的意见,然后集中采纳正确的意见。另外,还可以开展民意测验,成立相应的监督机构等。

第二章　我国现代图书馆发展中的问题

第一节　我国现代图书馆发展中的具体问题

在网络环境下，图书馆的发展也面临着许多问题，图书馆的服务工作受到了严峻的挑战，特别是图书馆的服务工作已经远远不能满足读者和用户不断提高的需求。这些问题影响了图书馆职能的充分、高效发挥。这些问题主要有以下几点。

一、运营管理经费投入不足，地区发展失衡

我国图书馆的运营管理经费起点低是普遍存在的状况，尽管图书馆运营管理经费相比以前有了较大的增长，但直到目前，其绝对数额距图书馆发展需要依然有一定的差距。考虑到目前图书馆费用支出基本特征——书刊价格不断上涨、需要采购的文献类型日益多样、以现代信息技术为核心的设备更新费用日益高昂、人民生活水平改善后对办公及阅览条件要求的不断升级，目前图书馆运营管理经费远远不能满足其正常发展的需要。

过去 30 多年，尽管我国对图书馆投入的运营管理经费的金额得到了较大程度的提高，但由于各级图书馆所处的经济环境不同，地区间的差异还是很大的，运营管理经费投入处于一种分化的状态。在经济欠发达的地区，图书馆的运营管理经费投入没有保障，部分地区图书馆难以维持现状，许多地方甚至没有图书馆，特别是在西部农村，这种现象更为严重。运营管理经费投入不足、各地区发展失衡已经成为制约我国现代图书馆可持续发展最为突出的问题。

（一）运营管理经费投入不足，图书馆的整体发展水平还相对落后

我国图书馆事业与社会事业的其他领域相比，运营管理经费投入严重不足，经

费投入差距在逐渐拉大。而本来就比较少的运营管理经费又主要用来支付职工工资,可用于购书的运营管理经费更是少得可怜。

由于运营管理经费投入的不足,许多图书馆的藏书量严重不足,图书无法及时更新,图书馆的人均藏书量远远低于国际图书馆协会和机构联合会(简称“国际图联”)规定的人均藏书量 1.5~2.5 册的标准。部分图书馆的馆舍陈旧老化,服务设施和技术设备落后,许多地区的图书馆已变得寒酸破败,其设备根本无法使用,仅作为摆设。

(二)各地区图书馆发展失衡,区域差别特别明显

首先,从东西部地区来看,我国图书馆事业东西部地区之间的差距越来越大,北京、上海、江苏、浙江、山东、福建、广东的图书馆事业发展很快,但是西部地区发展状况非常令人担忧。当前,我国一级图书馆数量最多的是江苏省,上海市一级图书馆、上等级的图书馆比例是全国各省、市、区之首。而青海、西藏上等级的图书馆数量极其稀少。其次,从县级图书馆与市级、省级和国家级图书馆相比来看,由于各级图书馆的投入主要靠同级财政的投入,而我国的财政状况是市、省和中央财政的财力要比县财政的财力雄厚,因此绝大多数县级图书馆的状况和市级、省级、国家级图书馆相比,无论是馆舍的基础设施、技术设备等硬件条件,还是图书馆馆员素质、服务水平等软件条件,都不在同一个档次上。最后,从城乡差距来看,一些城市所辖区县的县级图书馆与一些农业县的县级图书馆的发展差距也很大,有时甚至某些城市所辖区县的县级图书馆的状况比一些省份的省级图书馆的状况还要好。

二、管理体制问题

图书馆管理体制是指对图书馆实施控制、监督、指导、操作的机构安排以及这些机构间的权利义务关系。具体地说,图书馆管理体制决定着谁负责制定图书馆的方针、政策、标准,谁负责给予图书馆运营管理经费,谁决定图书馆的发展规划,谁对图书馆进行监督约束,谁在业务上对图书馆进行指导等一系列问题。

在我国,各级地方政府是我国图书馆发展的最主要的决策者,地方政府不仅掌

握着图书馆发展的财权、规划权、决策权和管理权，而且地方政府对这一权力的行使情况受到的约束和监督相对较少。此外，各级图书馆所处的经济环境不同决定了我国图书馆在管理体制实施上是条块分割、各自为政的状态，难以形成协同运作、优势互补、高效服务的图书馆管理体制。这种管理体制致使部分图书馆产生了分配不公、效率低下等状况，严重影响了图书馆正常功能和作用的发挥。

三、服务内容单一，资源共享不足

现代社会人们渴求获得不同的、深层次的信息与知识，但是作为信息部门之一的图书馆由于受计划经济体制的影响，固守传统的做法致使大部分图书馆的服务内容一直停留在简单的书刊借阅上，对文献信息的深加工与开发利用浅尝辄止，除纸质印刷物外，其他先进的文献信息载体形式收存甚少。这样远离市场经济需求的服务造成大多数图书馆目前难以满足读者和用户多方面、多层次的综合性需求，从而降低了图书馆的社会功效。

在传统的图书馆管理思想的影响下，人们仍然习惯于以馆藏图书量作为评价图书馆的等级标准，共享意识淡薄，缺乏全局观念，保守主义、形式主义和本位主义思想严重，追求“大而全”“小而全”的现象依然普遍存在。领导者信息管理观念淡薄，对图书馆工作的重要性还没有充分认识，闭关自守、自给自足，盲目追求大而全，造成信息资源的重复投资和严重浪费。当前，读者和用户对于图书馆是幢什么样的建筑，在什么位置，又有多少文献并不是特别在乎，读者和用户真正在乎的是图书馆能提供什么信息资源和信息服务，他们不再经常去实体图书馆，而是通过网络获取文献信息。

许多图书馆资源与服务分布较为分散，一站式信息服务未能实现。图书馆图书资源采集不全，有些文献没有收集。由于工作机制、人员素质及设备的限制，服务工作有许多局限性，造成读者和用户对图书馆资源利用效率不高。图书馆馆员对学术研究活动不够重视，缺乏工作的积极性和主动服务的意识。

四、图书馆工作人员队伍问题

目前，图书馆普遍存在的矛盾是：读者和用户日益增长的信息知识需求与图书馆的信息知识提供能力相对落后之间的矛盾。而造成这一矛盾的主要因素就是图书馆的整体功能水平相对较低。在我国,图书馆的管理长期以来一直隶属于上级文化主管部门,自身相对缺少进行人力资源管理的权力。还存在员工队伍老化、人浮于事的现象,这些都不利于图书馆拓展新领域。

此外,虽然目前不少图书馆的人才结构较之前些年有了长足的进步,但大部分图书馆馆员都不是图书馆学专业或计算机专业毕业的,图书馆馆员普遍存在着知识结构单一、专业结构不合理等问题。部分图书馆馆员专业知识水平不高,即使其有很好的服务态度也无法为读者和用户解疑释难,再加上培训制度不完善、培训不到位,使图书馆馆员的传统技能和知识水平越来越无法适应现代图书馆的发展,越来越无法满足读者和用户利用图书馆资源的需求。

部分图书馆馆员年龄偏大、素质偏低,接受现代化知识的速度比较慢。图书馆要实现信息化、数字化、电子化,年龄偏大的图书馆馆员接受新事物比较慢,不擅于使用电脑网络,这样势必会影响图书馆向现代化方向发展。年轻、学历高、有能力、高素质,对图书馆事业有追求的人才一时难以进入图书馆工作,使得实现图书馆的信息化、网络化变得较为困难。在网络环境下,图书馆馆员将不再只是与图书打交道,而是与计算机网络打交道,图书馆的服务内容和服务手段都发生了巨大的变化,对图书馆馆员提出了更高的业务素质要求。图书馆馆员中的各级管理人员及基层操作人员在安全意识与服务意识上也存在着一定的差异,往往造成上下理解不同,操作无法规范化,致使网络安全方面的措施很难达到预期的成效。

我国图书馆事业存在的这些问题,在很大程度上制约了我国现代图书馆的发展,如果这些问题得不到有效解决,我国图书馆现代化建设就难以实现。

第二节　我国现代图书馆的可持续发展研究

我国现代图书馆的发展遇到不少问题和挑战,只有充分解决这些问题,迎接挑战,才能让我国的图书馆事业实现可持续发展,具体措施如下。

一、加大对图书馆的运营管理经费投入，充分发挥政府职能

我国图书馆事业的运营管理经费来源大体有三个：政府拨款、社会援助、自身创收。图书馆是一个公益性服务组织机构，其资金来源主要依靠国家和地方财政拨款。

首先，各级政府应加大对本地区图书馆的运营管理经费投入，特别是加大购书经费的投入力度，保证投入的运营管理经费到位，满足实际需要。当然，图书馆管理者也要加强公关社交，积极主动地去争取政府的支持与投入。

其次，要多举办各种对社会有益的活动。如学术研讨、文化长廊、读者和用户交流会等活动，提高图书馆的社会知名度。争取或接受国内外机构、团体和个人捐赠的款物，包括资金、文献、图书馆办公用品及其他形式的实物。此外，图书馆也可以采取主动出击的方式获得捐赠。

再次，图书馆本身应艰苦创业，在国家政策、法令、法规允许的范围内，结合图书馆自身条件积极创收，以弥补财政拨款的不足。如：商业性出租图书馆闲置场地，开展一些合理的、有偿的高级信息服务。

最后，各级政府应从战略的角度充分发挥政府职能，促进图书馆的协调发展。鉴于目前我国中小型图书馆发展相对落后的事实，政府应加大对中小型图书馆的投入。同时，在图书馆的整体规划、合理布局、平衡发展等方面也要积极地进行统筹考虑和科学安排。

二、深化图书馆管理体制改革

图书馆按照“加大投入、转换机制、加强管理、增强活力”十六字方针，进行管理体制的改革。馆长负责制下的图书馆基本职能依然是执行政府制定的图书馆方针、政策和发展规划，实施图书馆服务，但应逐步扩大图书馆在人事管理、资源配置、业务决策等方面的自主权。打破按行政级别设立独立图书馆的标准，改为根据当地财政能力决定是否设立独立的图书馆，在更大程度上发挥行业组织的指导、咨询作用。可在现有的图书馆间非正式联系的基础上，成立更加正式的图书馆协会。

图书馆实施知识服务是知识经济时代的必然要求,是实现可持续发展的动力源,是图书馆基本职能的延伸和发展。通过知识挖掘、组织、开发和应用,最大限度地发挥知识的功能与效益。图书馆实施知识服务,要为教学提供优质服务,为重点科研项目提供定题服务,为学科带头人提供个性化服务,图书馆馆员要熟练运用计算机网络等新技术,掌握知识导航能力,实现从一般图书工作者到新型知识工作者的转变,才能适应网络环境下对图书馆馆员的要求。

计算机技术具有强大的信息处理能力,是实现图书馆数字化、自动化的有效载体。读者和用户利用图书馆提供的信息服务,可以在任何方便的时间和地点实现所需的数据库书目信息检索、查询,满足读者和用户对图书馆服务方便快捷的个性化需求。发挥图书信息化管理的优势,计算机的普及、互联网的建立,特别是信息技术引入图书馆领域之后,图书信息化成了当下的发展趋势,极大地方便了读者和用户。在知识经济时代,网络信息从各个层次冲击着图书馆的传统服务,网络的发展,使人们对从图书馆获得所需信息的依赖逐渐降低,使许多读者和用户对图书馆的信息服务能力产生了怀疑,自寻渠道获取所需信息。

图书是图书馆的血液,血液必须保持更新,藏书量充足且多元化能明显提高读者和用户对图书馆的使用率,借助橱窗、多媒体工具、新书架、专题书架、书刊展示台等向读者和用户提供有针对性的信息,这些设施不仅仅是文献资料的承载体,更是读者和用户搜索信息的多种路径,同时图书馆也能把优秀图书和更新的信息及时主动地呈现给读者和用户,培养他们利用图书馆的意识,提高图书馆的利用率,使图书馆从往日一成不变的藏书地变成一个互动性强的信息“乐园”。不断改善图书馆的网络环境,建立图书馆官方网站,引进先进的图书馆管理系统,建立检索平台。实现信息资源和知识资源的智能共享,升华服务内涵。

三、转变服务职能,创新服务理念

图书馆由单一服务转向综合化服务与多样化服务,由简单的借阅书刊模式向对文献深度开发利用发展,由单一书刊服务向音像视听服务发展,由以图书馆为中心向以读者和用户为中心发展,由以文献为中心向以信息为中心发展。通过服务职能的转变,让图书馆由文献处理机构向融入整个信息环境的服务机构发展,成为多功能的现代化智力服务集团。

随着网络信息系统的发展,图书馆信息管理的社会功能和地位正在受到威胁,如不改变传统的服务模式,引进知识管理体系,图书馆可持续发展能力必定会受到严重影响。知识管理不同于以往的信息管理,知识管理更注重的是知识的创新,将知识视为组织最重要的战略资源,以提升组织的竞争力为目标。图书馆要获得可持续发展,就必须提升当前的社会竞争力,为此,进行知识管理势在必行。知识管理的内容是对图书馆可持续发展资源的管理,加强图书馆知识管理有利于图书馆可持续发展核心竞争力的提高,图书馆知识管理的目标是知识创新,而知识创新也是提高图书馆核心竞争力的重要途径。知识管理的核心是人力资源管理,人是知识创新的关键,通过激励机制和制度安排,激发人的创新能动性,增强他们的应变能力,使其能随着环境的变化和社会需求的变化,采取相应的知识管理模式和知识服务体系,从而增强图书馆的竞争优势,使图书馆的核心竞争力得到提高,从而促进图书馆的可持续发展。

作为一个存储文化的组织,图书馆如果没有文化和灵魂,则必定会消亡。特别是在当今数字信息环境中,文化创新正变得日益重要。面对飞速发展的信息技术、数字化技术与网络技术,图书馆只有不断探索知识管理的服务理念,构建创新性组织文化,才能赢得未来的可持续发展。

图书馆要创新服务的理念,从传统服务观念的禁锢中走出来,确立与和谐社会发展相适应的图书馆服务新理念,使其服务适应现代社会的要求。图书馆要树立“以人为本,主动服务”的理念,要以读者和用户为根本,把满足读者和用户的需求作为图书馆工作的根本出发点和落脚点,图书馆要始终坚持以人为本,以读者和用户的利益为导向,切实维护与保障读者和用户在利用图书馆资源中的各种合法权益,尊重读者和用户,使读者和用户平等享受图书馆服务。

四、提高图书馆馆员素质,积极吸引人才

高素质的稳定的人才队伍是图书馆事业可持续发展的重要保障。各图书馆要

着眼于未来发展的全局,制订切实可行的用人原则和培训计划。现代图书馆将朝着两个方向发展,一是网络化,二是数字化。图书馆馆员要积极主动地不断加强培训和学习,图书馆领导要采取措施,有组织、有计划、有目的地开展灵活多样的继续教育,争取使每一位图书馆馆员都有机会接受适合自己的继续教育。图书馆馆员要熟练掌握和运用计算机、网络等现代信息技术,拥有计算机、数据库、网络方面的知识和技能,了解网络知识,熟悉各种网络检索工具。图书馆馆员要掌握一定的外语知识,熟练运用一门外语是图书馆工作的需要。图书馆馆员要具有坚实的专业基础知识,具备图书馆专业基础知识和工作技能是图书馆馆员的“安身立命”之本,是开展图书馆各项工作的基础。

图书馆馆员素质中,思想政治素质处于主导地位。没有良好的思想政治素质,即使有再高的专业才能和组织才能,也难以发挥出来。图书馆馆员还应遵守职业道德规范和行业行为准则,要有崇高的职业素养。

知识经济时代最显著的特点就是,知识将成为发展经济的资本,在生产要素中居于重要位置,其他所有要素的发展都依赖知识的增长。因此,知识将被作为最重要的资源得到充分的开发、传播与应用,知识的不断创新成为推动时代发展的根本动力。

现代电子学与通信技术的进步,为社会信息化提供了强大的技术推动力,通信技术与计算机的结合,实现了资源的网络化,大大提高了信息的使用价值,拓宽了信息处理的应用范围。这对数字图书馆中的图书馆馆员的素质提出了全新的要求,传统图书馆馆员工作已越来越不适应时代发展的客观要求,而一批具有多元化知识结构层次的人员,将成为数字图书馆网络化环境下图书情报资料工作的主力军。

图书馆特别要注意引进专业人才。一方面要接纳有学识、有才华的图书情报专业和计算机专业毕业的大学生;另一方面要吸引事业心强、具有专门知识和技能、有较强管理能力的人才。同时,对那些不具有任何专长与特长、不适应图书馆工作的馆员要予以调整。

第三章　我国现代图书馆管理体系

第一节　图书馆的社会职能和管理范畴

一、图书馆的社会职能

（一）图书馆社会职能的划分

职能（Competency）是指人、事物、机构所应有的作用。从人的职能角度讲，职能是指一定职位的人完成其职务的能力；从事物的职能角度讲，职能一般等同于事物的功能。从机构的职能角度讲，职能一般包括机构所承担的职权、作用等内容。根据这一定义，图书馆的社会职能也就是图书馆在社会生活中承担的责任和所起到的积极作用。1927 年成立的国际图书馆协会和机构联合会在 1975 年法国里昂举行的“图书馆职能科学讨论会”上，对图书馆的社会职能做了总结，将图书馆的社会职能总结为四个方面的内容。

1. 保存人类文化遗产

人类社会在发展的过程中，为了适应交流的需要，创造了文字，并将其记载在一定的载体上，形成了文献和信息资源。为了方便在以后的生活中继续利用这些文献，古人将这些文献有目的地进行收集和保存，这样最初的图书馆就诞生了。所以，图书馆最主要和最古老的一项职能就是搜集、整理、加工、管理这些记载了从古至今人类历史的发展和演变的珍贵的文献和信息资源。这些代表各个民族文化财富和人类文化典籍的文献包括历史方面的、文学方面的、科学技术等方面的，都是人类智慧的集中体现，正是这些文献和信息资源的保存使得人类文明不断前进和发展。

当前,图书馆在保存作为人类文化遗产的文献和信息资源上面临新的发展机遇,这主要归因于计算机的普及和发展。因为随着人类社会的发展,文献和信息资源的存储量急剧增加,而纸版文献对场地和环境的严格要求给图书馆带来极大的压力。科学技术的发展使文献载体发生了翻天覆地的变化,磁、光等技术的运用,使图书馆的文献和信息资源可以无限扩张,读者和用户运用起来也更加方便、快捷。

2. 开展社会教育

图书馆素有“知识的宝库”“没有围墙的大学”的别称。这主要是因为图书馆拥有为数众多的文献和信息资源,这些文献和信息资源作为人类文化科学技术思想的结晶,为读者和用户提供了用以学习的雄厚物质基础。

图书馆进行社会教育,还表现在为读者和用户提供了如学习的场地、学习的设备,方便读者和用户可以长期地、自由地利用图书馆进行学习等。目前,图书馆的教育方式是以自学为主,这正符合了以“终身学习”为核心的现代教育思想。在“终身学习是新世纪的生存概念”的影响下,越来越多的人在离开校园后仍然进行着自我学习,这时图书馆的教育优势就充分发挥出来了,图书馆成为大多数自学者的首选场所。而对于没有充裕时间到图书馆学习的人来讲,数字图书馆的远程教育功能极好地解决了这一问题。通过利用计算机及互联网,图书馆的教育范围在时间和空间上得到极大延伸,学习的分散性和灵活性也得到增强,更主要的是图书馆丰富的文献和信息资源和可以方便获取的服务方式,大大提高了读者和用户自学的主动性和积极性。

此外,在大学图书馆中,图书馆作为高校的基本教育设施,是“学校的第二课堂”,它还直接承担着培养人才的重任。这些都是图书馆在社会教育中扮演重要角色的体现。

3. 传递科学技术情报

传递科学技术情报是图书馆的又一主要社会职能。当今社会文献和信息资源具有的生产数量大、增长速度快、文献类型复杂、形式多样和时效性强等特点,使传统的文献信息资源收藏思想——“自我中心论”，即强求“你有的我有，你没有的我也要有”的“大而全”的思想，面临崩溃。馆际交流、合作、资源共享正随着网络技术的蓬勃发展而兴盛起来，成为今后图书馆发展的新方向。

其实资源共享概念早在20世纪的五六十年代就由图书馆界的有识之士提出了，为的就是图书馆之间相互分享资源，跨馆际地为读者和用户提供所需的服务，使文献信息资源得到更广泛的应用。不过，早期文献和信息资源的共享仅限于馆际互借这样相对简单的服务方式，但随着网络技术的发展，图书馆传递科学技术情报的职能得到进一步发展，资源共享成为图书馆发展的主要方向，图书馆的隔绝性逐渐消失。如：中国高等教育文献保障系统（China Academic Library & Information System，CALIS）通过实现文献和信息资源共建、共知、共享，有力地促进了高校间图书馆文献和信息资源的利用。

目前，图书馆正以前所未有的传递科学技术情报的深广范围和快捷速度的形象出现在世人面前。首先，传递的内容由文献基本信息向文献原文查阅和传递转变。其次，定题服务、科技查新、学科馆员等这些创新型服务使图书馆科学技术情报传递的方式也由被动向主动转变。最后，馆际互动的方式由过去封闭、烦琐、单一的互借服务向开放式、网络化、深层化服务转变。

4. 开发智力资源

智力资源是指在人类文明发展历程中所创造、积累的物化成果、精神财富和未被发现和认识的潜在信息。图书馆工作中涉及的智力资源内容包括馆藏文献和信息资源和网上相关文献和信息资源。传统智力资源开发是指对馆内文献和信息资源进行二次、三次甚至多次加工，使之更适应读者和用户的需求。但随着科学技术的发展，图书馆开发智力资源的功能得到了极大发展。

首先，智力资源开发内容范围扩大化。图书馆在原有馆藏文献和信息资源的基础上，依靠计算机网络，使图书馆文献和信息资源实现了开发内容范围扩大化，不再单纯依靠手头资源进行文献和信息的开发和利用。开发内容范围的扩大化，让读者和用户不再感到文献和信息资源的匮乏，而是感到文献和信息资源的膨胀，文献和信息资源的储备远超过读者和用户的涉猎范围。

其次,智力资源开发的手段和方法更加现代化和多样化。专业数据库和信息库的建立和使用让读者和用户可以更加便利地寻找到自己所需要的信息。

最后,智力资源服务对象的扩展化。以前,图书馆受自身场所空间上的限制,其服务对象仅限于周边距离较近的读者和用户。如果其他地区的读者和用户需要获取该馆的馆藏文献和信息资源,多数需要亲自到馆查阅,但受益于网络服务的发展,远方的读者和用户现在也可以在异地获取很多与本地读者和用户相同的服务。

除了以上四种基本社会职能外,越来越多的学者认为丰富人类的文化生活也是图书馆的社会职能之一。因为,健康的文化娱乐是人类社会生活中不可缺少的组成部分。图书馆是社会文化生活中心之一,所以,图书馆在丰富人类文化生活中具有很重要的地位和作用。人们不仅可以去图书馆借阅自己喜爱的图书、报纸、画刊,还可以享受图书馆的文化氛围。图书馆也应有的放矢地开展更多的文化娱乐活动,如向公众提供学术会议、大型展示会、报告会、研究会,甚至音乐会、电影放映、文艺演出、文化旅游等活动,丰富图书馆的服务项目,拓展图书馆的服务功能。

(二)图书馆社会职能的实现

1. 改善图书馆的办馆条件,创建舒适的阅览环境

图书馆作为一个特殊的公共场所,要注重以文化氛围来营造良好的阅览环境。一个具有优越人文环境的图书馆,才能更加吸引读者和用户。所以,我们会发现,很多图书馆会是一个城市或一所大学的标志性建筑。除了富有特色的建筑物外表,馆内设施的齐备和环境的优雅同样重要。名言警句,书画长廊,丰富多彩的宣传、导读,都会让读者和用户产生一种平静、良好的心理效应,使读者和用户的心灵得到净化,产生求知的渴望,使其更好地进入学习的状态。

2. 提高馆内文献和信息资源质量,建设特色馆藏资源

在竞争激烈的信息和知识经济社会中,人们要生存和取得成功,就要具备良好的综合素质。而公共图书馆正是培养人们综合素质、开发创新能力的最佳课堂之一。图书馆是人类文献和信息的重要集散地,理应最大限度地开放教育资源,满足社会成员的学习需求。但图书馆由于受资金限制等原因,不可能满足所有读者和

用户的文献和信息需求。这时就需要根据图书馆自身建设的特点以及服务对象的特点，有所选择地增加馆藏资源，努力形成自己的馆藏特色。

图书馆还应通过对文献和信息资源进行二次、三次以及更多次的加工、整理和科学的分析、指引，最终形成有秩序、有规律的信息流，使读者和用户更方便地利用它们。如：对到馆的文献和信息资源进行验收、登记、分类、编目、加工，最后调配到各借阅室，以便科学排架、合理地流通；对馆外文献和信息资源进行搜索、过滤，成为虚拟馆藏，形成更加宽广、快捷的信息通道以及通过现代化的手段——计算机网络技术使馆藏文献实现数字化。

3. 加速信息开发，保证优质服务

图书馆收藏着大量的文献和信息资源，积极地开发、广泛地利用这些文献和信息资源是实现图书馆社会职能的重要保障。尤其是当前读者和用户对知识信息的需求呈现出全方位和综合化、开放性和社会化、集成化和高效率的趋势，使图书馆传统的信息服务方式显得被动、无力，为了能用更方便、更快捷的服务方式替代原有的服务方式，以便为读者和用户提供优质服务，图书馆应加快信息服务建设，使图书馆与整个社会的经济发展、信息交流融为一体，成为知识物化为生产力的“催化剂”。具体可以从以下几项工作入手：首先，更加广泛地应用计算机技术，扩大自动化技术的应用范围，随时随地满足读者和用户的需求；其次，应用多媒体等技术，提供专业性强、形式多样、来源广泛的知识信息，使信息服务超越时空、地域和对象的限制，更好地满足知识经济社会中读者和用户的信息需求；最后，利用图书馆馆员的专业技术，建设研究型图书馆，满足高层次读者和用户的需求，使图书馆成为引导社会发展、推动社会进步的力量。

4. 成为社会信息咨询服务的中心

咨询服务就是根据读者和用户的需求，进行信息的传递与共享。在信息社会，人们的生活节奏加快，加之信息膨胀，社会各个阶层都深感自我调节和处理问题的能力减弱，渴望社会咨询机构的协助，特别是在社会转型期人们的心理承受力处于临界点更需要关怀协助，从某种角度讲图书馆正是公认的社会信息咨询服务中心。图书馆具有的公益性、公共性特点，使其在运用自身深厚的文化力和丰富的信息资源时，占有得天独厚的优势，可以成为社会信息咨询服务中心。同时，咨询服务使图书馆工作摆脱了传统图书馆的静态服务模式，从而使图书馆的发展有了新的飞跃。

5. 提高图书馆馆员的综合素质

图书馆工作是一项专业性、技术性、创造性很强的专门化工作，图书馆馆员的思想品质、文化程度和工作能力直接影响着图书馆社会职能的发挥。因此，图书馆馆员应该本着对工作的极大热情和责任感时刻注意收集各种信息，关注学术研究的最新发展动态和信息存贮、处理手段的前沿信息；应有渊博的知识和丰富的实践经验，深入掌握图书情报理论及相关知识，精通一门或一门以上的专业知识；还应具备一定的计算机知识。另外，由于国际间的交往联系日益密切，读者和用户不仅需要国内相关信息，还需要国外的相关信息。这样，掌握一门外语也就成为图书馆馆员必备的素质。

同时，"终身学习"的思想理念也适用于图书馆馆员，面对如此快速发展的信息社会，图书馆馆员必须注意自身知识的更新和完善。图书馆也应为其创造更多的学习条件，以满足现代图书馆在信息社会对人才的需求。

二、图书馆的管理范畴

图书馆的管理范畴是图书馆管理中各种要素、关系的普遍联系和全面发展的不同侧面的反映。图书馆系统内部充满着各种矛盾，图书馆的管理范畴就是从不同角度反映图书馆系统中各种要素的既对立又统一的辩证关系，它们是图书馆管理的本质和运动规律的不同表现形式，也是各种管理要素和运动过程之间相互作用的交错点和"结合部"。这些范畴来源于图书馆管理实践，同时又是对管理科学各种普遍概念的综合和提升，它们随着图书馆管理实践的发展而发展，反过来又指导着人们的图书馆管理实践。

（一）管理主体与管理客体

管理主体是指具有一定管理能力、拥有相应的权威和责任、从事现实管理活动的人,也就是通常所说的管理者。管理主体具有能动性、创造性、自主性等特性。

图书馆的管理主体通常由两个部分构成:一是根据图书馆既定目标将目标任务分解为各类管理活动、工作任务,安排负有最终督促完成既定目标责任的人,这类人通常是图书馆的核心人物,或者说是图书馆的高级领导人员,如馆长、副馆长等。二是各方面具体执行诸如计划、组织、协调、控制、经营等管理活动的人,这类人通常是图书馆的骨干人物,如各部门主任。

现实的图书馆管理是一种多层次的综合活动,管理主体通常是由许多个人按一定形式组织起来的整体,这种担负管理主体功能的整体就是管理主体系统。从管理主体的不同职能性质来说,管理主体系统是由处于不同职权地位、担负不同管理职能的人相互组合而成的。一般来说,图书馆管理主体系统由四个部分组成,或者说包括四个子系统,即决策系统、执行系统、监督系统和参谋系统。

管理客体是指进入了管理主体活动领域、并能接受管理主体的协调和组织作用、以人为中心的客观对象系统。这一规定概括地表明了管理客体的特性,即客观性、可控性、系统性和对象性。

图书馆内的管理客体范围较大。首先,图书馆的所有馆员均是管理的客体,他们执行组织分配的工作任务,遵照一定的运行规则进行工作,以求获得良好的工作成绩。其次,图书馆中的其他资源,如信息资源、物质资源、金融资源、关系资源等均是管理的客体,它们在管理的作用下经过特定的技术转换过程成为良好的产出物。最后,当图书馆向外扩展自己的生存空间时,必定要作用于相关的人、财、物、信息或其他组织,这些要素也就相应地成为图书馆管理的客体,只是这类管理客体经常会变动。

管理主体与管理客体是组成图书馆系统实体结构的两极,它们之间的相互联系和相互作用构成了图书馆系统及其运行。然而,这种联系和作用是通过管理组织这一形式而发生的。管理组织是图书馆系统的现实表现形式。管理主体与管理客体不仅通过组织的形式相互联系,而且通过组织的形式相互转化。这种转化指的是管理主体与管理客体在管理活动中各依一定的条件,使自己的地位向其对立面转化。管理主体与管理客体在图书馆系统中的相互转化有不同的表现形式:一种是地位的转化,这是由图书馆职权层次的变化引起的;一种是角色的转化,这是由图书馆行为的变化引起的;还有一种是自身的转化,这是由组织成员自我意识的变化引起的。正确认识这种转化,对于理解图书馆系统的辩证性质有着重要意义。

(二)硬件与软件

一般来说,图书馆管理是由两类既相互对立又相互统一的要素所组成的。一类是管理的物质性载体,它具有一定的感性存在形式,具有稳定性、被动性的特点,称为“硬件”。另一类是使物质性载体能够按一定方式组合起来并产生现实活动的精神性要素,它往往不具有固定的感性存在形式,而具有变动性、创造性、主动性等特点,称为“软件”。这里的硬件和软件都是泛指与图书馆管理有关的事物、过程、方法、成果等,具有普遍的意义。

硬件与软件的划分具有相对性和模糊性,只有把两者同时放在图书馆管理中进行比较,才具有较为确定的意义。在图书馆系统中,如果把馆舍、文献、信息技术设备等要素看作硬件,那么人的精神要素就是软件;在组织结构中,如果图书馆中的个人是硬件,那么指导人的行为的价值观念、道德情操、理想信念等就是软件;在组织形式中,如果正式组织是硬件即“硬组织”,那么非正式组织就是软件即“软组织”;在管理技术中,如果把具有比较固定程式的数学分析方法和计算机技术方法称为硬件即“硬技术”,那么那些具有创造性、没有固定程式的其他管理技术就是软件即“软技术”;在管理模式中,把图书馆管理单纯看成一种科学,强调运用数学和逻辑方法以及各种严格的制度和标准化原理来进行管理,这就是“硬管理”,而把图书馆管理看成一种艺术,强调对人的思想情感及各种非理性要素进行激励,运用非逻辑的创造性方法进行管理,这就是“软管理”。

在图书馆管理中,硬件与软件相互依存,相互促进,共同作用,谁也离不开谁。一方面,硬件是软件的基础。任何管理都应具有正式的和相对固定的组织形式,要有明确的职务、权力和责任的划分,要有严格的大家都要遵循的规章制度,要运用各种物质手段来组织和协调人们的活动。图书馆系统也应具有稳定的输入和输出关系,即既有一定的物质、能量和信息输入,又有一定的信息产品和信息服务输出。这些看得见、摸得着的有形事物是图书馆管理赖以存在和发展的物质基础,离开了这些硬件,软件就失去了自身依托的物质外壳,任何方法、手段、指令、程序等都无法显示其功能,图书馆管理也就根本不能存在。另一方面,软件是硬件的灵魂。任何管理如果只有硬件而没有相应的软件,那么硬件就只能是没有活力的“死东西”。一个图书馆系统,如果只有单纯的组织结构形式,只有一些生硬的规章制度,而缺乏组织成员共同的目标、愿望、动机等软件,那么这样的图书馆是无法进行有效的管理活动的。管理的核心要素是人,而人总是有着自己的需要和追求,有着自己的情感和意志,这些“软件”是图书馆的各种结构和形式等“硬件”的灵魂,它规定着硬件的组成形式,引导着硬件的发展方向。

在图书馆管理中,硬件与软件不但相互依存,而且可以相互转化。这种转化包括了硬件的软化和软件的硬化两个方面,它们是和图书馆管理过程紧密联系在一起的。

(三)利益与责任

利益是标志人的物质和精神需要能否满足以及满足程度的范畴。人们有各种各样的需要,也就有各种各样的利益。人的需要有高低不同的层次,利益也有根本和非根本之别。

责任是一种对自己采取的行为以及行为的社会意义的自觉意识和实践。对于自己责任的自觉意识通常称为责任心或责任感。责任感一般从激发和控制这两个方面将自己的行为确定在与自己的地位和职务相适应的范围内。激发行为是对应尽责任的鼓励,控制行为则是对超越责任的限制。

利益与责任在图书馆管理中是一对矛盾。首先,二者在方向上相互分离,有时甚至呈现出相互排斥的倾向。利益反映了整个图书馆、图书馆各部门、部门内各小组或图书馆馆员的需要,由外向内具有收敛性;而责任则要求整个图书馆、图书馆各部门、部门内各小组或图书馆馆员付出(劳动、努力等),是由内向外发出的影响,具有发散性。其次,利益与责任相互包含,表现了二者的一致。任何利益中都包含着责任成分,没有责任的利益是根本无法满足的,也是不存在的;任何责任中也都包含着利益,责任中如果不包含一定的利益,所谓履行责任就没有了动力和基础。图书馆尽管是公益性服务组织机构,但其中或多或少存在一定的利益,因此图书馆管理不应该掩盖责任中存在利益的问题,而应该使馆内各组织和全体图书馆馆员认识到这一点,这有利于提升他们对工作认真负责的态度。最后,利益与责任能够相互转化。利益在实现的过程中必然转化为责任,不尽责任,就没法也不能取得利益;而责任在履行的过程中也必然转化为利益,这是尽责任应得的报酬。图书馆管理者在管理实践中的两个基本任务就是:一方面,将个人的、小组的、部门的或整个图书馆的利益获得过程设计为履行各自职责的过程;另一方面,把履行职责的结果同个人的、小组的、部门的或整个图书馆的利益结合起来。

(四)集权与分权

集权与分权体现了管理职权在管理空间中的分布状态和运动方向。

集权既指管理活动中的集中统一指挥,又指权力向上层逐步收缩的过程。从管理职权在管理空间中分布的状态来说,集权意味着主要的管理职权(如决策权、人事权、财政权、奖惩权等)集中于高层领导,特别是最高领导层,而中下层只有处理例行的日常事务和工作的权力,而且即使是这些权力的执行也必须处于上级的有效控制之中。从管理职权在管理空间中运动的方向来说,它意味着下级某些权力被缩小乃至被取消,并向上级组织或专门机构集中,这种集权化的运动方向是由下向上逐步收敛的。

集权一般有两种途径:一是规定限制下级组织或非专门组织裁决问题范围的一般标准。即规定它们该管哪些事,不该管哪些事;哪些事可以自己做主,哪些事必须报上级批准。二是撤销下级组织或专门组织的实际决策职权。这种方式在某些特殊情况下会采用。譬如,某图书馆的购书经费很充足,但藏书结构多年来一直不合理,于是由馆长或一名副馆长亲自指挥采购部的工作。

分权就是分散权力,即上级部门将某些问题的决策权移交给下级部门。从管理职权在管理空间中分布的状态来说,就是中下层各级管理人员拥有某些问题的决策权,高层领导只保留重大问题的决策权和在政策、目标、任务方面的必要控制权。从管理职权在管理空间中运动的方向来说,它意味着下级部门自主性和独立性的加强,许多职权从上级向下级分散,这种分权化的运动方向是自上而下逐步发散的。

在图书馆管理中,集权与分权是辩证统一的。首先,集权与分权各有利弊,因此必须互相补充。在图书馆管理中,关键是要把握好集权和分权的度。过度集权,什么都管,不仅上级决策的正确性不能保证,还会扼杀下级工作的积极性和主动性;过度分权,什么事情都撒手不管,则可能使上级对下级失去控制。其次,集权与分权在一定条件下互相转化。这种转化一般有两种形式:一种是被动的转化,即在过度集权或过度分权的管理阻碍了图书馆各项业务工作发展的情况下,由过度集权向分权或由过度分权向集权转化。另一种是主动的转化,即在问题出现之前就注意调整集权和分权的关系,在动态中把握二者变化的度,及时消除偶然出现的过度集权或过度分权现象。

(五)有序与无序

有序与无序是标志组织协调程度的矛盾范畴。有序是指管理系统的各个要素之间相互联系、相互作用和相互转化中有规则的、有秩序的状态和运动趋势;无序是指这种联系、作用和转化中无规则的、无秩序的状态和运动趋势。

图书馆系统中的有序与无序标志着管理组织的协调程度,这种协调程度是管理主体有意识的自觉活动的结果。图书馆系统的各种要素并不能自发地形成具有管理功能的组织。要形成组织,就必须通过自觉的组织活动,把各种相互之间无规则的、无秩序的要素(主要是人)在一个统一目标、统一行为规范和统一的结构形式中组合起来,这种组合也就是把各个要素由无序状态转变为具有一定规则和秩序的有序状态。有序是图书馆系统的一个本质特征。图书馆就是通过设立共同目标来协调图书馆馆员各不相同的无秩序的目标,通过明确的责、权、利的规定来协调各个部门和图书馆馆员之间不确定的相互作用方式,通过规章制度来协调图书馆馆员无规则的行为,通过有效的管理工作来协调复杂多变的人际关系和不同的心理情感。这样,图书馆中各个部分之间就能够按照规范准则统一意志,按照共同目标统一方向,按照规章制度统一行动,整个图书馆呈现出有规则的、有秩序的状态,这即是有序。因此,图书馆就是通过有意识的主动管理行为,使无序的要素组成有序的系统。从这个意义上说,图书馆管理就是通过协调来达到有序结构的实践活动。

然而,在各种组织结构中无序总是存在的,任何一个图书馆中都存在着一种反抗协调而自发趋向无规则的、无秩序的状态的力量。图书馆中的这种无序一般有两种表现形式:一是受控的无序状态。在统一的图书馆系统中,每个人都扮演着不同的角色,有着自己的利益、目标和爱好,外部环境又总是给予一些随机性的干扰,这些要素是图书馆的协调活动不能完全消除的。同时,图书馆中必然存在的分权和结构软化、简化的运动,不可避免地增强着图书馆中各个部分和个人的自主性、独立性、竞争性的运动趋势。这样,有序的结构中就必然会产生对原来确定位置的无规则的、无秩序的偏离,形成一种无序的涨落。这种涨落一般总是在一定限度之内进行,有效的控制总是会把偏离度过大的要素重新拉回到合理的范围之内,使它不致形成失控状态。这种受控的无序状态是保持一个图书馆活力所完全必需的,也是一个有效图书馆系统所必然存在的,所以是一种良性的无序状态。二是失控的无序状态。如果图书馆自身的组织结构不合理,管理者决策或指挥失误,或者外界环境急剧恶化,造成了对图书馆的巨大冲击,都有可能使图书馆的协调和控制失效。图书馆原来的组织目标、规章制度和职权结构失去了对各个要素相互作用的制约力,图书馆中无规则的、无秩序的运动趋势大大加强,再也无法把这种涨落控制在合理的范围内,这就是失控的无序状态。这种无序,轻则造成效率低下,管理混乱,图书馆目标难以实现;重则致使整个图书馆系统分崩离析,管理完全失败。这种失控的无序状态是一种恶性的无序状态,对图书馆有极大的危害性,所以必须极力预防。

图书馆系统中的有序与无序还标志着管理活动程序化的程度,这种程序化是管理过程中各种机制和职能有机联系和转化的结果。一个相对完整的管理进程是以决策为中心,包含计划、组织、领导、控制和评价等一系列阶段的职能和过程的统一体,这些职能和过程相互有机联系和转化,形成了管理活动的一定程序。这个程序规定了图书馆系统在达到目标的过程中所应该遵循的行为步骤和秩序,其使管理活动的整个过程表现出一种在时间进程中的规则化和秩序化,这就是管理过程的有序化。一个有序的图书馆管理其过程必然表现为各种管理活动进行得井井有条。当上一阶段的工作尚未完成,所需条件尚未具备时,不轻易进行下一阶段的工作;而当所需条件具备时,又不失时机地把管理过程推移到新的阶段,做到管理过程间断性与连续性的辩证统一。在每一阶段中善于抓住重点,顾及全面,突破难关,带动其他;而当内外环境发生变化时,又能适时地转移工作的重心,整个管理过程呈现出主次适宜、轻重得当,有节奏、有规律地向前推进的状态,做到管理过程起伏性和前进性的辩证统一。

然而,图书馆管理又具有非程序化的一面,即存在着管理过程的无序。这种无序有两种情况:一种是由于外界环境和图书馆系统内部各种关系的随机变化,使原来固定的程序不得不被打破,出现错位、扰动甚至颠倒的情况。例如,在开始实施图书馆工作计划之后,发现计划与客观实际严重不符,或者客观情况已经发生了重大的变化,这就必须停止原计划的执行,重新返到修改或重新制订计划的阶段。这就是要求保持管理过程的良性无序状态,这种无序即是灵活性,是任何成功的图书馆管理所必须具有的性质。另一种管理过程的无序就大不一样。这种无序的根源是图书馆管理者主观思维与客观实际发生严重背离,它表现为原来制订的程序本身严重失误,与实际情况的变化根本不相适应;或者是图书馆管理者在执行程序时掉以轻心,严重失职,完全不顾眼前现实的管理情境。这种无序只能造成整个管理程序完全被打乱,管理活动严重失控,管理过程处于一种被动应付、穷于招架、目标不清、方寸全乱的境地。这种管理过程的恶性无序状态只能导致图书馆管理的失败。

因此,从质的规定性来看,图书馆管理的有序与无序有两种形态:一种标志管理组织的协调程度,即组织结构的有序性与无序性;另一种标志管理活动程序化的程度,即管理过程的有序性与无序性。前者是空间结构规则性和秩序性的反映,后者是时间结构规则性和秩序性的反映。也可以说,有序与无序是图书馆系统在时空结构中的规则性和秩序性程度的综合反映。

(六)稳定与改革

稳定与改革是图书馆系统在其发展的历史过程中两种不同的状态和趋势。稳定是指图书馆系统在其发展过程中总体的状态和趋势保持不变,即处于相对静止的状况;改革是指图书馆系统在其发展过程中总体的状态和趋势发生重大变化,即处于显著变动的状况。

图书馆管理的一切要素、一切过程都具有稳定性，否则，管理活动就无法正常进行，也无法对管理要素和过程进行研究。但是，图书馆管理的相对静止和相对稳定是有条件的、暂时的。首先，当我们说某些管理要素处于稳定状态时，只是相对于一定的管理系统和时间、地点而言。在某一特定的图书馆系统中，管理者和被管理者的划分是稳定的，但离开这个特定的系统，进入其他管理系统，情况就会发生变化。其次，稳定包含管理活动中的量变。当图书馆管理过程中的某一阶段、某一种管理模式或管理体制仍然保持着它们自身的性质、没有发生质变的情况下，我们就认为它们是相对稳定的。但与此同时，它们在性质不变的情况下还发生着其他变化。例如，计划过程在没有向组织过程发生飞跃前，内部就发生着由初选目标向预测、预算、决定方案的量变，但这并没有改变计划过程的性质，我们就说它是稳定的。某一管理模式中的内部矛盾还未尖锐到摧毁这种模式的外壳时，我们就说这种管理模式是相对稳定的。

改革是图书馆管理中的质变，确切地说是指一种管理模式或管理体制向另一种管理模式或管理体制的飞跃。改革是由图书馆内在矛盾推动的自我发展和自我否定。一方面，它是旧的管理模式向新的管理模式的质变，是旧的管理过程连续性的中断，体现了图书馆管理的阶段性。另一方面，它继续保留并改造了旧的管理活动的积极成果，将其作为新管理过程存在和发展的基础，因而把新旧管理过程联系起来，体现了图书馆管理的连续性。

图书馆管理中的稳定与改革是辩证统一的。首先，稳定与改革相互包含、相互渗透。在图书馆管理模式发生全面质变之前，图书馆管理虽然处于相对稳定的状态，但局部的改革总是经常发生的。任何一个具体的图书馆管理其过程中都有改革。例如，控制过程对组织过程来说就是改革组织管理，控制过程对计划过程的反馈也是改革。改革是动态管理的基本特征，而一切有效的管理本质上都是动态管理。所以，稳定中有改革的要素。另外，改革中也有稳定的要素。改革不是一阵风、一股浪，它是一个持续稳定的过程。改革要有一定的步骤，改革中推行的政策、组织体制、管理方法等需要一定的稳定性，以便观察、评价和控制，并在改革过程中巩固自己的成果。其次,稳定与改革具有相互转化的趋势。管理模式的相对静止、管理过程的量变使整个图书馆管理在一定时期内呈现出稳定状态,似乎一切都在按部就班地正常运转。其实不然,这背后孕育着各种矛盾。当这些矛盾尖锐到不冲破旧的管理体制其管理活动就会严重阻碍各项业务工作发展时,全面的改革就不可避免了。当通过改革建立起新的管理体制后,这种管理体制下的管理活动基本上是适合各项业务工作发展需要的,这时就需要保持管理体制的稳定来巩固改革的成果。总之,"稳定—改革—稳定"是管理体制发展的实际过程,这个过程的不断推移就是图书馆管理的进化和升级过程。

总之,图书馆的管理范畴是图书馆管理中个人与组织、组织与环境这两个基本问题的具体展开,作为矛盾统一体的每一对范畴在现实的图书馆管理中并不是孤立存在的,而是紧密联系并和图书馆管理的运动规律相互结合综合地发挥作用。当我们用这些范畴去分析现实的图书馆管理及其矛盾时,应该注意这些范畴之间的相互联系和相互转化,注意它们在反映图书馆管理的本质和规律中的特殊性和普遍性,注意它们与图书馆管理现实及图书馆管理学的有机结合。

第二节 管理思想、管理理论及管理理论对现代图书馆管理的影响

一、管理思想、管理理论的产生与发展

社会进步离不开管理的推动,管理是对组织资源进行有效整合以达成组织既定目标与责任的动态创造性活动,是一种实践、一门艺术。管理思想和管理理论都是人们在实践中得出的经验总结,虽然这些思想与理论形成学科不过100多年,却有其深深的根源,并早已经融入社会的各行各业,管理早已成为人类日常生活中的普遍行为。

(一)中国古代管理思想

人类文明从诞生之初就伴随着人类的管理行为。对于管理实践所产生的管理

思想和管理理论，由于中西方文化的基础不同，产生了很大的差异。但中西方的管理思想都是人类文明的成果，其合理的内涵都对人类社会的管理发展起着积极的作用。中国古代管理思想相对于西方管理思想来讲，其体系和结构完全不同，是从不同的角度揭示了管理的规律。

在中国，古代管理思想的代表有儒家、道家、法家、兵家等各流派，这些管理思想在管理国家、巩固政权、统率军队、治理经济、发展生产、安定社会等方面有着极其重要的指导作用。其中，作为中国传统文化主流的儒家管理思想强调中庸、人和，是一种人本管理的思想。而道家管理思想的内涵就是“道”，“道”是天地万物变化的普遍规律，强调“无为而治”。道家管理思想既强调宏观调控，又注重微观权术，适用于大多数管理过程。法家是以“法治”为核心的管理思想，虽然这种“法治”与现代社会的法治意义有所不同，但法家强调普遍规律与特殊规律的关系，认为做事必须尊重客观规律，同时强调管理体系的完备性。兵家管理思想充满了辩证法的思想，其包含的大量战略与战术思想是现今企业管理可借鉴的管理经验。总之，中国古代管理思想对今天的各项管理工作，特别是对处于激烈市场竞争环境中的企业，具有重大的现实意义。

（二）西方古典管理理论

18世纪60年代后，以英国为代表的西方国家，开始了第一次工业革命，使生产力有了很大发展，随之而来的就是管理思想与管理方法和管理手段的创新，产生了早期管理理论的萌芽并形成古典管理理论，其中比较有名的有以下几种。

美国管理学家弗雷德里克·温斯洛·泰勒提出了“科学管理理论”。这种理论的核心目的是提高工作的效率，其理论要点是时间研究和动作研究，即通过该项研究规范员工的工作活动和工作定额；进行员工的挑选和培训，即科学地挑选员工，对其进行专门的培训、教育，并为其合理安排工作岗位，使其能力与工作需求相适应；实行标准化管理，以提高劳动生产率；坚持专业分工原则，即明确工作和责任，实行分工管理，以提高管理效率；实现劳资双方的思想革命，即管理者应真诚地与员工沟通合作，以确保劳资双方都能从生产效率的提高中得到好处。

法国管理学家亨利·法约尔是古典“组织管理理论”的奠基人，由于长期从事企业的高级管理工作,因此他的研究更注重管理者的活动,着重研究企业管理的一般理论,特别是企业组织理论。他的理论思想的核心内容是:确定企业活动的类别,认为任何企业都有六种基本活动,即技术活动、商业活动、财务活动、安全活动、会计活动、管理活动;明确管理的职能,即管理具有计划、组织、指挥、协调和控制五大职能;总结了管理的14项一般管理原则,即劳动分工、权利与责任、纪律、统一指挥、统一领导、个人利益服从集体利益、人员报酬、集权、等级制度、秩序、公平、人员稳定、首创精神、团队精神。

德国社会学家马克斯·韦伯提出了“行政组织理论”。他的代表作就是《社会组织和经济组织理论》,其理想的行政组织理论体系的要点是:明确的分工,即组织的成员按职业专业化进行明确分工;权威等级,即每个下级都应接受上级的控制和监督;正式的甄选,即所有员工都应通过正式考试和教育训练进行任用;规章制度,即管理者必须严格遵守组织的规章、纪律以及办事程序,服从制度规定;管理者与所有者分离。

以上这些理论对管理活动的发展起到了很大作用,但不可否认的是,这些理论也有其局限性,如泰勒的理论忽视了人的情感因素,仅把人看作“经济人”;过分重视技术因素,忽略社会因素的影响。另外,泰勒的标准化管理中的标准定得过于苛刻,而且没有解决企业作为整体的经营问题。亨利·法约尔的理论缺乏弹性,以至于有时与实际管理工作脱节。

(三)西方现代管理理论

西方现代管理理论的演变经历了行为科学理论、管理科学理论和现代管理理论三个阶段。

行为科学理论中的代表是梅奥的人际关系理论。这种理论克服了泰勒的理论缺陷,改变了人们对管理的思考方法,使管理者更加意识到行为过程的重要性,也更意识到应把人看作宝贵的资源,确定了员工是有价值的资源,并把重点放在管理实践上。但由于个人行为的复杂性所导致的对行为分析的困难,使这种理论未能很好地与管理实践相结合,在实际运用上并不广泛。

管理科学理论其实与泰勒的理论同属一脉,只不过是在泰勒理论的基础上有新的发展,其中以数理理论、系统管理理论、运筹管理理论为代表。管理科学理论主要论及如何制定并运用数学模型和程序进行管理,也就是运用数学符号和公式进行计划决策并解决管理中的问题。这种理论的优势是运用复杂的管理科学技术计划、决策、组织、领导和控制,使数学模型和程序求得的决策成为解决问题的最佳方案,运用最新的信息情报系统,促进管理效率,同时也有利于了解管理职能环境的复杂性。管理科学理论的局限性是不能很好地解释和预见组织内部成员的行为,并且由于数学模型太复杂,其技能可能影响其功能的发挥;模型有时可能不切合实际,而无法真正实现。

美国管理学家哈罗德 · 孔茨将第二次世界大战后的众多管理理论统称为现代管理理论。这些理论相互补充,从不同角度,带着各自学科的特点阐明现代管理的有关问题,但它们的基本目的却是相同的。其中比较有名的理论和管理思想有:决策理论,其代表人物赫伯特 · 西蒙认为"管理是以决策为特征的,管理的本质就是决策"。权变理论,认为现实中不存在一种固定的、一成不变的标准管理模式,管理者应根据实际环境的变化,选择合适的管理模式和方法。经验主义管理理论,主张从管理者的实际经验出发去寻求管理活动的一般规律和共性的东西,并使其系统化和理论化,以此指导其他管理人员的管理工作。

(四)现代管理理论的新思潮

管理理论经过 100 多年的发展,已经形成了深厚的理论基础,到 20 世纪末,知识经济的迅速发展和组织管理的实践,使管理新思想不断涌现,各种管理理论互相渗透、融合,管理又有了向全面管理、综合管理发展的趋势,这些新思想为管理理论注入了新鲜的力量。

"学习型组织"理论,是指通过培养弥漫于整个组织的学习气氛,充分发挥员工的创造性思维能力而建立起来的一种有机的、高度柔性的、扁平化的、符合人性的、能持续发展的组织。这种理论强调组织只有主动学习,才能适应变化的环境。

"组织文化"理论,提出组织文化本质概念,认为组织文化是一个特定组织在处理外部适应和内部融合问题中所学习到的,由组织自身所发明创造并且发展起来的一些基本假定类型,这些假定类型能够发挥很好的作用,并被认为是有效的,由此被其成员所接受。

“企业再造”理论，提出了有关企业经营管理的理论和方法，其新思想主要表现在强调组织流程必须采取激烈的手段，彻底改变工作方法，摆脱以往陈旧的流程框架。

“竞争战略”理论，是引发美国乃至全世界有关竞争力问题讨论的理论，由迈克尔·波特提出。他认为，企业的管理都是在三种基本战略的基础上进行的，即成本领先战略、差异化战略、集中化战略，这些基本战略的共同目标就是确立企业在竞争中的优势。

“虚拟组织”理论，明确提出通过建立虚拟组织、动态协作团队和知识联盟来创造财富的观点。其所谓的虚拟组织指的就是不仅把公司成员，而且把供应商、公司顾客以及顾客的顾客都看成一个共同体，倾听他们的意见，充分调动内外各种资源。建立这种组织，要更多地依靠人员的知识和才干。

“管理创新”理论，可以包含企业形象设计、信息管理、工艺创新以及企业知识管理。它是在劳动者、劳动工具和劳动对象构成的生产力要素逐渐被信息、技术和管理等智力生产要素所取代，在高技术竞争时代产生的。品牌战略、无形资产将成为企业制胜的关键，信息资源的占有量将有助于企业形成不同的竞争力，因此大部分企业都必须根据市场需求调整自己的战略目标。

二、管理理论对现代图书馆管理的影响

现代图书馆管理是在管理学和图书馆学的基础上进行的，所以在现代图书馆管理中管理者要在立足图书馆学的专业基础上借鉴、吸收管理学理论的最新成果，以丰富现代图书馆管理理论，指导现代图书馆的管理实践，而在众多中西方管理理论中能对现代图书馆管理起到有利影响的理论主要有以下几种。

（一）“管理创新”理论与现代图书馆管理

创新是未来管理的主旋律，作为人类社会持续发展的不竭动力，创新是指以新思维、新发明和新描述为特征的一种概念化过程。根据这一定义创新至少包括五个方面的内容：提出一种新的经营思路并加以有效实施；创设一个新组织机构并使

之有效地运转;提出一个新的管理方式、方法;设计一种新的管理模式;进行一项制度创新。知识经济时代,面对科学技术日新月异地更新,知识量、信息量剧增和市场剧变,谁能感觉敏锐地抓住时机,谁就有可能在竞争中获胜。以往图书馆的管理制度和管理模式的设计,常常以规范人的行为、使人不犯错误为出发点,有着过多的管制和约束,这种过细过严的规则,通常会抑制创新精神的发展。而管理上的创新能使图书馆打破常规,改革管理工作流程,大大提高管理效率;能使图书馆以敏锐的观察力,密切关注未来变化的新趋势、新动向、新问题,从而能以超前的意识果敢决策,适应未来发展的要求。此外,"管理创新"在现代图书馆管理中还表现为要树立创新意识、发扬创新精神,在创新中寻找出路,在创新中寻求发展,把创新渗透于图书馆的整个管理过程。要充分发挥现代信息技术和管理技术的优势,以促进图书馆"管理创新"为着眼点,更新图书馆管理理念,引进先进的管理理论,实现图书馆的技术创新、人员创新和服务创新,从而通过改革创新,建立起一套崭新的管理运行机制,以适应社会发展的需要。

(二)"组织文化"理论与现代图书馆管理

管理从他律到自律,起主导作用的是一种文化认同,文化力量对组织潜移默化的影响是至关重要的,被有些人推崇为现代管理的最高境界。文化可以从根本上影响着图书馆管理的出发点和方向。广义上的图书馆文化指的是基于图书馆及图书馆事业的文化内涵与文化现象之和;狭义上的则是指在图书馆核心价值体系基础上形成的具有延续性的、共同的认知系统。这种认知系统表现为图书馆馆员的群体意识形态,它能使图书馆馆员之间达成共识,形成心理契约。因此,现代图书馆管理中应注重文化的建设。建设积极向上的图书馆文化,有利于树立图书馆良好的社会形象,争取更多来自外部环境的有力支持;有利于引导图书馆馆员形成正确的职业观,将自身行为与图书馆的整体目标协调起来;有利于确定图书馆的办馆宗旨、服务方针、发展方向,并渗透到图书馆活动的方方面面。

(三)"人本原理""能本管理"理论与现代图书馆管理

"以人为本"的管理思想在历史上早已存在,中国古代的儒家思想体系就是

“人本原理”的代表。在西方,从古希腊的雅典民主政治到现代管理理论思想,都有“以人为本”管理思想的体现。但从古到今,人们所重视的都是带有强制色彩的管理制度。这种管理依托于权力和强制,强调遵守与服从。不过,20世纪中叶以来,人们逐渐认识到管理中人的因素的重要性,正式提出了“以人为本”的管理理念。目前,“人本原理”是世界上最为推崇的管理方法之一,被广泛应用于现代企业,是现代管理学中的重要理论。它强调的是以人的全面发展为准则,实施以人为中心的管理,其核心思想是尊重关爱人、理解信任人、完善发展人。对于现代图书馆管理来讲,“人本原理”的管理核心就是把图书馆馆员作为最重要的资源,使其作为管理的主体。围绕如何最大限度地激发图书馆馆员的工作潜能来服务于组织内外的利益相关者,从而实现图书馆目标和图书馆馆员个人目标。实施“人本原理”,就是要通过科学、有效的方法,发扬图书馆馆员的优点,抑制其弱点,提供能发挥其智慧和创造力的环境,使图书馆馆员在创造社会财富、实现效益的同时,不断发展自我,实现自身的价值。“人本原理”属于柔性管理的范畴,其职能侧重于疏导、教化与激励,其特点是用柔性手段进行调节与控制,用非强制性的一套方法去影响、感化图书馆馆员的心理,从而调动和激发他们的积极性、创造性,凝聚实现组织目标的群体意志和力量。有专家认为,在图书馆服务所发挥的作用中,图书馆的建筑物占5%,信息资源占20%,而图书馆馆员占75%。因此,图书馆事业要想充满生机与活力,建设一支高素质的图书馆馆员队伍是必须的。因此,现代图书馆管理的“人本原理”,首先要尊重图书馆馆员,这里的尊重不仅包括尊重图书馆馆员的人格和表达意见以及个人发展意愿的权利,还要尊重图书馆馆员的能力,尊重图书馆馆员的价值和劳动;其次图书馆要充分认可每位图书馆馆员为图书馆所做出的贡献,客观地评价其业绩;再次要允许图书馆馆员选择适合自己的岗位,以便提供发挥其潜能的机会。

所谓“能本管理”,就是指以能力作为本位的管理理念,它是相对于“物本管理”和“人本原理”而言的,它源于“人本原理”,又高于“人本原理”,是更高阶段、更高层次和更高意义上的“人本原理”,是“人本原理”的升华。“能本管理”在现代图书馆管理中的运用就是通过有效的方法,以期最大限度地发挥人的能力,从而实现能力价值的最大化，把能力这种重要的资源转变为图书馆发展的推动力量，实现图书馆发展的目标和创新。目前，有些图书馆也在管理中尝试量化管理，但图书馆工作的性质决定了其部分岗位是很难用量化的方式来考核工作绩效的，而“能本管理”这种强调充分发挥个人能力的管理，为现代图书馆管理提供了一条新的思路。在现代图书馆管理中引进“能本管理”理论，可以为图书馆建立各尽所能的运行管理机制提供理论支持，从而在实际工作中使管理者能及时发现图书馆馆员的潜能，做到人尽其才，才尽其用。把有能力的、有干劲的人放到重要的位置上去，进而营造一个有利于图书馆馆员间良性竞争的环境，有效地调动图书馆馆员的工作积极性和能动性。

（四）“学习型组织”理论与现代图书馆管理

“学习型组织”理论作为 20 世纪 90 年代以来发展起来的一种全新的管理理论，它的研究最早可追溯到 20 世纪 60 年代。其代表人物就是毕业于美国麻省理工学院的管理学家彼得 · 圣吉。在他的代表作《第五项修炼——学习型组织的艺术与实务》一书中，圣吉教授认为，“学习型组织”理论是以五项修炼为基础的，这五项修炼指的就是：自我超越、改善心智模式、建立共同愿景、团队学习、系统思考。它的本质就是要努力并善于组织全体成员进行不断的学习。“学习型组织”理论的问世引起了管理学界和企业家们的广泛关注，并在企业实践中取得了良好效果。作为管理理论中的新思想，它融合了当代“终身学习”思想，把学习作为组织的生命源泉，是当今最前沿的管理理论，建立学习型组织成了 21 世纪管理发展的新趋势。“学习型组织”本身是一种宏观的管理理论，其适用的范围非常广泛。它不仅可以用于企业管理，也适用于国家、城市、学校及一切组织的管理，并且在多个领域取得了成功的先例。

“学习型组织”理论同样可以适用于现代图书馆管理，美国亚利桑那大学图书馆和伊利诺伊州北部郊区图书馆系统就是依据该理论构建的“学习型图书馆”。这种理论应用于现代图书馆管理的优势主要是通过其五项修炼来实现的，具体包括：

“自我超越”通过强调图书馆馆员对自身的认识来适应外界的变化，不断地给自己树立新的奋斗目标。工作中注意集中精力、培养耐心以达到精益求精,并客观地观察现实,永远努力发展自我,超越自我。

"改善心智模式"要求图书馆馆员要善于改变传统的认识问题的方式和方法,要用新的眼光看外部环境,同时注意内部环境的变化,以改变自己的思维定式,从而适应环境的需要。

"建立共同愿景",把图书馆建设成一个生命共同体,包括图书馆远景(图书馆将来要实现的蓝图)、价值观(实现蓝图应该遵循的基本原则)、目的和使命(图书馆存在的根由)、目标(短期内达到的目的)。

"团队学习"可以使全体图书馆馆员学会集体思考,以激发群体的智慧。开展团队学习后,图书馆馆员之间可以理解彼此的想法,因此可以凭借彼此沟通产生的一致性提高综合效率。

"系统思考",是通过树立系统观念,运用完整的知识体系和实用的工具,认清整个图书馆赖以存在的内外环境,并了解如何有效地掌握其变化,以开创新的工作局面。

总之,"学习型组织"理论应用于现代图书馆管理,可以增强图书馆馆员的整体意识,培养图书馆馆员之间的协同工作精神,促进图书馆内部的交流与合作,促进知识的共享,树立图书馆的学习风气,提升图书馆全体馆员的学习能力。同时,建立"终身学习"机制是符合图书馆实际工作需要的,有助于解决图书馆馆员学习与工作之间的矛盾。此外,"学习型组织"理论应用于现代图书馆管理中,还有助于实现图书馆的知识管理,对适应科学技术、信息发展对图书馆的影响具有十分重要的意义。

第三节　我国现代图书馆管理的建设

一、我国现代图书馆管理概念的内涵

对于图书馆管理概念的研究,中西方学者采取了不同的态度。众所周知,概念

是组成判断的基本要素,而推理和论证又是由判断组成的。所以,概念是思维形式最基本的单位。概念所反映出的事物本质属性(或特有属性)的思维形式,是人们在实践的基础上,经过感性认识上升到理性认识而形成的。一般情况下,概念有内涵和外延之分。概念的内涵是指概念所反映的事物的特殊性或者事物的本质特征,它反映概念质的方面,说明概念所反映的对象是什么样的。概念的外延反映出包含在概念中的不同种类的事物,它反映概念量的方面,即概念的适用范围,它说明概念反映的是哪些对象。因此,鉴于概念在基础理论研究中的重要性,我国的一些学者对于图书馆管理都给出了自己的概念。

黄宗忠认为:图书馆管理就是通过计划、组织、指挥、协调和控制等活动,最合理地使用图书馆系统的人力、财力、物质资源、使之发挥最大作用,以达到图书馆预期目标,完成图书馆任务的过程。

郭星寿认为:所谓图书馆管理,就是遵循图书馆工作的规律,依据管理工作的内容与程序,在图书馆系统最优化的条件下,充分利用其资源,以有效地实现其社会职能的一系列有组织的活动。

于鸣镝认为:应用现代科学的理论与方法,遵照图书馆工作和图书馆事业的固有规律,合理地组织和最大限度地发挥图书馆的人力、物力、财力等各种资源的作用,以便达到预定目标的决策过程。这就是图书馆的科学管理。

鲍林涛在其主编的《图书馆管理学》一书中指出,图书馆科学管理就是通过计划、组织、指挥、协调和控制等行动,按照图书馆事业和图书馆工作的发展规律,最合理地使用图书馆的人力、财力、物质资源,使之发挥最大的作用,以达到图书馆预期的目标,圆满地完成图书馆任务。

倪波、荀昌荣认为:图书馆管理是指应用现代管理学的原理和方法,合理组织图书馆活动,有效地利用图书馆人力资源和物质资源,发挥其最佳效率,达到其预定目标的过程,并在此过程中不断地审查改进,最终圆满完成任务。

综合以上关于图书馆管理概念的论述,我们可以看出,当前,图书馆管理概念是因各学者的出发点及角度不同而产生不同的看法。但依据管理理论来看,这些概念都具有一定的共同之处,只不过是由于将管理理论同管理方法、技术、手段混为一谈,而产生了一些偏颇,因此,有必要对图书馆管理概念所具有的内涵加以理解把握。

例如,图书馆管理是管理理论在图书馆领域的具体表现,如图书馆管理中重视人力的作用,是管理理论中"人本原理"理论的运用。使人力、财力、物力等资源在管理活动的影响下发挥其最大作用,是"系统原理"理论的充分体现。在实际图书馆管理中,要使管理理论同管理的方法、技术、手段有机地联系起来,应在管理理论的指导下,针对图书馆管理中出现的新情况、新问题采取相应的管理方法、技术和手段。

所以,我国现代图书馆管理概念的内涵就是图书馆在正常运转过程中为了实现图书馆的工作目标,完成图书馆的工作任务,而对其系统内的各种资源进行利用的活动。

二、我国现代图书馆管理的特点

图书馆管理是一种存在于社会中的特殊的实践活动,是人类在进行文献信息资源的搜集、整理、储藏、利用过程中形成的管理活动。我国现代图书馆管理除了具有一般社会实践活动的如客观性、能动性和社会历史性等共性特点外,还具有自己的特点。

(一)综合性

管理是以研究企事业单位中人的活动规律,用科学的方法改进管理工作,充分调动人的积极性的一种行为。它主要是把以人为中心的各种管理行为作为研究对象,发现活动规律,并通过合理地组织和配置人、财、物等因素,提高企事业单位的工作效率,调动人的积极性,最终达到提高生产力水平的目的。图书馆服务工作的主体是读者和用户,以读者和用户为中心,维护图书馆服务工作的正常运行和发展进步,图书馆的管理者要解决好人与环境、人与人之间的各种关系问题。所以说,图书馆管理实质上是围绕管理和服务进行的,是多种活动综合的结果。

(二)理论性

图书馆管理是一项特殊的管理活动。在管理的实际运行中,可以借鉴多种基础理论的研究成果,如管理学、图书馆学、情报学、经济学、心理学等一系列学科。这些学科的某些优秀成果与图书馆管理相结合,并具体运用到管理的实际运行中,使图书馆的管理以深厚的理论为基础,以便能更好地推动图书馆事业的发展,提高图书馆在人类社会进步中的地位和作用。

(三)科学性

图书馆管理是一项具有科学性的活动,从图书馆产生之初,人类就知道采用一些方法用于更方便地查找文献和信息。因此,在图书馆管理的过程中,人们发现了很多的方法来管理和利用文献和信息资源,这些方法逐渐形成了图书馆管理工作的规定,有些甚至规范化形成标准。

(四)组织性

随着图书馆事业的发展,图书馆已经逐渐形成规模化,相应地,图书馆管理活动也复杂起来。管理活动中涉及的各种资源也越来越多,人力、物力、财力、文献和信息等资源交织起来影响着图书馆管理活动的运行。对这些资源管理的效果直接影响着图书馆的正常运行,所以在图书馆管理中要有计划、有目的地去进行管理,图书馆管理是一项系统的、有组织性的管理活动。

(五)动态性

管理活动本身就是要在不断变化的环境中进行。为了应对不同读者和用户的需求,图书馆管理需要变化;为了配合文献的形式改变,图书馆管理需要变化;为了应对随时改变的社会环境,图书馆管理也需要变化。所以,图书馆管理是一项要随着服务对象、工作环境和社会环境等因素的变化而进行改变的活动。只有跟上时代的变化,随时适应影响图书馆发展的各项因素,才能使图书馆符合社会发展的需求。

(六)协调性

图书馆管理涉及图书馆各项业务工作和行政管理活动等方方面面。这些具体的工作和活动直接影响着图书馆管理能否正确、正常和有序地进行。图书馆管理就是要使这些具有关联性的各种业务工作和行政管理活动中的人际关系、利益关系处于一种和谐、平衡的状态，消除管理活动中的各项不利因素，从而减少内耗、降低摩擦，发挥组织的协同作用，使图书馆有限的人力资源、文献和信息资源发挥出最大的效用。

三、我国现代图书馆管理的环境

（一）一般环境

一般环境又称为宏观环境，是指对图书馆管理活动产生影响，但其影响的相关性不强或间接相关的一些因素。这些因素对图书馆的影响虽然不是直接的，但有可能对图书馆产生某种重大的影响。一般环境具体包括：

（1）政治环境，政治环境的稳定是图书馆发展的基础因素，国家对图书馆的重视程度直接决定着国家对图书馆的宏观调控政策、财政对图书馆的支持和图书馆管理的对外交流情况。

（2）经济环境，指的是社会经济结构、经济发展水平、经济体制和宏观经济政策等几个方面，它们构成图书馆生存和发展的社会经济状况及国家经济政策。

（3）法律环境，指的是与图书馆相关的社会法制系统及其运行状态。当前，越来越多的国家将图书馆管理纳入法制化管理的范畴，为图书馆的稳定发展提供了基础和保证，目前，我国的图书馆管理还没有上升到法律层面，但有必要向此方向发展。

（4）科技环境，是指图书馆所处的社会环境中的科技因素及与该因素直接相关的各种社会现象的集合，包括社会科技水平、社会科技力量、国家科技体制、国家科技政策等。科技环境对图书馆的影响巨大，现代图书馆的快速发展与科技发展密切相关，所以关注科技环境有利于图书馆的发展。

（5）社会文化环境，包括一个国家或地区的人口、家族文化教育、传统风俗及人的道德和价值观念等。这些因素影响着图书馆的数量、文献信息资源的收集方向以及图书馆的服务对象等方面。

（二）特殊环境

特殊环境，又称微观环境或任务环境。它是指对图书馆的组织目标实现产生

直接影响的环境因素。与一般环境因素相比,这些因素对图书馆的影响更频繁、更直接。特殊环境包括:

(1)读者和用户,是指利用图书馆文献和信息资源的人群,是图书馆服务的对象,是图书馆存在的必要条件,对图书馆的发展起着促进作用。

(2)文献和信息资源的供应者,包括出版社、图书经销商、数据库的开发者和经营者、信息设备的开发者和生产者等。这些供应者提供的产品或服务的数量、质量和价格直接影响着图书馆的文献和信息资源的保藏程度、水平和服务的质量。

(3)图书馆的竞争者和合作者。网络信息服务使图书馆的发展面临着巨大的挑战,它的方便、灵活、丰富性影响着传统图书馆的管理。为此,图书馆的管理要向网络信息服务的管理模式借鉴,及时调整自身的战略目标。同时,与网络信息服务合作,发展自身特色的网络信息服务平台,促进自身发展。

(4)业务主管部门,多数类型的图书馆都是受一定部门的领导。与这些部门保持良好的沟通,是保证图书馆朝着既定目标前进的基础之一。

以上这些环境因素构成了图书馆管理的特殊环境。特殊环境的不确定性和复杂性使图书馆在存续和发展的过程中要不断密切关注这些因素的变化,建立一定的缓冲机制和弹性机制以适应这些因素的影响,并加强自身对特殊环境的控制,努力调适图书馆管理使特殊环境对图书馆的负面影响降至最低。

(三)图书馆自身环境

图书馆自身环境一般包括图书馆文化(图书馆内部氛围)和图书馆的基础条件两部分。

(1)图书馆文化是处于一定经济、社会、文化背景下的图书馆,在长期的发展过程中逐步生成和发展起来的日趋稳定独特的价值观,以及以此为核心而形成的行为规范、道德规则、群体意识、风俗习惯等。图书馆文化一般可分为三个结构层次:

①表层文化即物质文化层,包括馆舍馆貌、工作条件、工作设施配备情况等。

②中层文化即制度文化层,是指对图书馆馆员和图书馆自身行为产生规范性、约束性影响的部分,主要包括工作制度、责任制度和其他特殊制度等。

③内层文化即精神文化层，包括用以指导图书馆开展读者和用户服务活动的各种行为规范、价值标准、职业道德、精神风貌及图书馆馆员意识等。

以上这三个结构层次的文化互相联系、互相依赖、互相影响和互相转化，构成图书馆文化的统一体。对图书馆管理起到了导向功能、凝聚功能、激励功能、规范功能以及渗透功能。

(2)图书馆的基础条件是指图书馆所拥有的各种资源的数量和质量情况，包括人员素质、文献和信息资源的储备情况、科研能力等。

这些因素与其他因素一样，影响图书馆目标的制订与实现，而且还直接影响图书馆管理者的管理行为。

第四章　我国现代图书馆行政管理

第一节　我国现代图书馆行政管理的概述

一、图书馆行政管理的内涵

我们知道"管理"一词的历史与"行政"相比,显得更加久远,范围也更加广泛。可以说,人类社会的管理活动与人类社会是同时产生的,只要存在着两个以上的个人或两个以上群体的共同活动,就有了管理活动。而"行政"一词在中国最早可以追溯到2000多年前的《左传》中的"行其政事""行其政令"。《史记·周本纪》首次把"行政"连用,其意思就是指对国家政务的管理。"行政"一词在西方社会也可以追溯到古希腊时代,亚里士多德就使用过"行政"一词。现代英语Administrative,即行政,按国际通用的《社会科学大辞典》的解释,指的就是国家事务的管理。这种起源于原始氏族和部落公共事务的管理,随着阶级和国家的产生而产生,并随着阶级和国家的变化发展而变化发展。因此,作为管理的一种形式,结合行政的具体含义,人们将行政又称为行政管理。在当前社会,行政管理的概念已经大为扩展,其含义也有了本质的不同。

目前,对于行政管理概念的理解存在着一些分歧,主要有以下三种观点:一是狭义的行政管理。从国家"三权分立"的角度理解行政管理,认为行政管理是国家行政组织即政府系统依法对国家事务和社会公共事务进行管理,是国家行政权力的运用。二是广义的行政管理。这种观点从整个国家管理的角度理解行政管理,认为行政管理的范围应该包括整个国家的管理活动,即凡属国家机关的活动都是行政管理活动。三是最广义的行政管理。认为行政管理不仅包括一切国家机关的管理活动，而且包括企业单位、事业单位、组织和群众团体管理活动。

在第三种观点中，行政管理行为已经不限于国家权力的行使，而将企业单位、事业单位、组织和群众团体的管理活动纳入行政管理研究的范畴，这主要是由于国家和所有的企业单位、事业单位、组织和群众团体都是出于某种确定的目的而形成的，这就需要对企业单位、事业单位、组织和群众团体的行为进行必要的指挥和协调，具体包括行政目标的确定，决策，计划的制订和执行，人员的安排，经费的管理等一系列行为。国家行政管理与企业单位、事业单位、组织和群众团体的管理相似，这就使得第三种观点越来越得到公众的接受，除学术或专指国家行政权的行政管理概念外，日常生活中公众提到的行政管理，指的都是最广义的行政管理。

我国现代图书馆管理按不同的工作内容可以分为业务管理和行政管理。其中行政管理指的就是图书馆的管理者，按照本单位的工作特点和工作性质，通过计划、组织、决策、指挥、控制、协调等一系列行为，使图书馆的人力、财力、物力、时间等资源合理地得到使用，以帮助完成图书馆工作最终要求要达到的目的。图书馆行政管理作为图书馆管理的重要组成部分承担着图书馆建设中的辅助作用，为图书馆业务发展及读者和用户管理提供有效的保证。

二、我国现代图书馆行政管理的特点

图书馆行政管理作为图书馆管理重要组成部分，在图书馆的建设和发展中具有重要作用，影响着图书馆管理的成败，这主要是由行政管理的特点所决定的。我国现代图书馆行政管理具有以下特点。

（一）引导性

所谓行政管理的引导性指的就是行政管理对图书馆的正常运行起着引导作用。行政管理部门负责本单位规章制度的制定、执行和监督，这就对图书馆馆员的行为产生了一种导向作用，引导其按照一定的标准和要求进行工作，使图书馆管理达到事半功倍的效果。

（二）约束性

图书馆作为一个组织整体必须要具有统一的目标、统一的工作标准，这就需要依靠具有约束力的行政手段来实现。在行政管理的实践中并不是全面采取这种具有约束力的行政手段,如在图书馆工作中决策、计划的制订需要以民主为基础,但在决策、计划的执行上则需要具有约束性的行政手段介入,从而强制保证决策、计划的执行。

(三)凝聚性

凝聚性决定着图书馆内部发展的活力。在当今社会,图书馆作为事业单位在发展中面临着众多困难,这中间包括资金因素、人员因素以及社会因素等。当这些因素对图书馆的发展产生影响的时候,作为图书馆调解中枢的行政管理部门就要发挥其凝聚性作用,解决这些不稳定因素给图书馆带来的负面影响。

三、我国现代图书馆行政管理的基本原则

我国现代图书馆行政管理的基本原则是行政管理本质的反映,其实际内容和具体的表现形式,是决定行政管理如何进行、怎样进行的基本准则。

(一)服务性原则

服务性原则是指行政管理是为本单位的各项业务提供服务的,既包括图书馆馆员的需要,也包括广大读者和用户的需要。服务性原则不仅贯穿于行政管理过程的始终,而且贯穿于行政管理的各个领域和各个环节。

1. 为图书馆业务提供服务

图书馆是一个以服务读者和用户为基础业务的公益性服务组织机构,这项基础业务受诸如财力、物力,人力的选择、培训等多种因素的影响,而行政管理正是可以左右这些因素的关键环节。行政管理必须秉持为图书馆业务提供服务的原则,有效、及时地满足所有图书馆业务的需要,促进图书馆事业的发展。

2. 为图书馆馆员提供服务

图书馆馆员是图书馆事业发展最活跃、最积极的因素,充分调动这部分人的积极性、主动性、创造性,使他们将爱岗敬业的精神真正地投入工作中,才是实现图书馆事业创新发展的保证。行政管理的一项重要内容就是要妥善做好人力资源的管

理工作。人力资源管理中不仅要注重提高全体图书馆馆员的职业和道德素质,还要努力提升图书馆馆员的工作积极性,使他们在工作中没有后顾之忧,解决好图书馆馆员的各种合理需求,保护其身心健康。这就要求行政管理者要将服务性原则运用到人力资源管理中,要具体结合本单位的实际情况,切实了解图书馆馆员的需求,耐心细致地开展人力资源管理工作。

3. 为广大读者和用户提供服务

读者和用户是图书馆的服务对象,图书馆的所有服务和业务都是以读者和用户为核心,围绕读者和用户展开的。行政管理也是一样,虽然行政管理人员并不直接与读者和用户接触,但行政管理所涉及的财务、后勤等工作与图书馆的对外服务密切相关。行政管理在服务读者和用户及进行业务管理中承担着调解中枢作用,是读者和用户享有各类信息服务、知识服务的保证。

(二)效率性原则

效率性原则在图书馆行政管理中的运用是指用最少的行政投入(包括人、财、物等),获得最大的行政产出(包括社会效益、经济效益等)。具体应该从以下几个方面着手。

1. 建立高效率的行政机构

行政管理需要建立高效率的行政机构,设立这种机构应该做到:一是合理设置行政机构。机构的种类、数量的多少、层次的划分、规模的大小都要从实际出发,部门之间要分工合理。二是科学地确定行政机构内部的人员构成。任何行政机构都是由若干职位构成的,根据实际需要确定行政机构内部的各种职位,按照职位配备具有相应才干的人员。三是实行定编定员。行政人员的数量应科学地设置,注重精简机构,避免人员过多或人员过少,注重提高行政效率。四是要不断提高行政人员的职业素质和道德修养。行政管理是一门科学,其管理内容对行政人员的文化素质和职业道德有较高要求,同时从事这项工作还要对图书馆的基础业务有所了解,才能适应图书馆发展的要求。

2. 建立和健全行之有效的行政管理程序

图书馆行政管理涉及的范围非常广,处理的问题又非常复杂,很多问题还具有专业性。因此,为了有效地执行日益复杂的行政事务,行政管理程序必须科学化、制度化,使行政管理在执行具体操作时不但做到有章可循,而且还有利于行政管理的考核。

3. 健全岗位工作责任制

岗位工作责任制是提高工作效率的有力保证。图书馆应根据行政管理的性质和特点,明确划分行政管理责任,职责要分明,分工要详细,应有数量、质量、时间等具体指标的要求,明确政绩考察的内容,建立各项考核和奖罚制度。一旦出现问题,立即追究,形成人人有动力、有压力,充分发挥图书馆馆员工作的主动性和创造性,提高行政管理效率,避免不必要的人力、财力、时间的浪费。

(三)整体性原则

图书馆行政管理是一个多方面、多层次、多环节相互依赖、相互作用的有机整体。一方面,行政管理对图书馆业务具有辅助作用,为图书馆业务提供财力、物力的支持。另一方面,行政管理又决定着图书馆的发展方向,所以要求行政管理部门要积极与业务管理部门进行有效的沟通,使行政管理信息协调、统一地在各部门之间运行,使业务管理部门与行政管理部门形成一个相互促进的整体,实现图书馆管理的目标。

第二节　我国现代图书馆行政管理的组织结构、工作内容及管理者、领导者概况

一、我国现代图书馆行政管理的组织结构

(一)我国现代图书馆行政管理的组织结构设置的必要性

我们知道组织作为一种社会现象,是一切社会管理活动赖以开展的基础。同样地,图书馆行政管理组织也是图书馆开展本单位管理活动的基础。依靠行政管

理组织,图书馆馆员可以在本单位这个框架内进行交往互动,满足各种工作需求,实现图书馆业务的正常运行。图书馆行政管理组织是一种有着相对明确边界、规范秩序、权威层级、沟通系统及成员协调的集合体,这一集合体具有一定结构性,其从事的活动往往与多种目标相关,其活动对图书馆馆员、图书馆本身以及外部社会环境都会产生一定的影响。

具体地讲,图书馆行政管理的组织结构是指在图书馆中建立起来的各种部门或机构之间及以部门或机构为依托的图书馆馆员之间的权利和责任关系的结合方式,是表现图书馆各部分排列顺序、空间位置、聚集状态、联系方式以及各要素之间相互关系的一种模式。即按照本单位的工作性质把工作进行精确分工,然后在分工基础上进行协作以完成工作目标的各种途径,包括设定工作岗位,将岗位组合成部门,确定达到什么样的要求,如何使不同层次的部门能按时完成本单位的工作任务,最终实现本单位的目标,达到预期的结果。图书馆行政管理的组织结构的设置是一件非常复杂而且细致的工作。因为,如果没有一种合适的行政管理的组织结构,没有严密的分工与协作,要高效顺畅地进行工作是不可想象的。图书馆行政管理组织的工作目的就是要通过建立一个适于本单位工作人员相互合作、发挥各自才能的良好环境,消除由于工作或职责方面的原因引起的各种冲突,使图书馆馆员能够在自己的岗位上为实现本单位的目标做出应有的贡献。

(二)我国现代图书馆行政管理的组织结构设置的原则

在现代图书馆的行政管理中,合理的行政管理的组织结构是开展各项业务的客观需求,这就要求图书馆行政管理的组织结构在设置时应遵循以下一些原则。

1. 权责对等原则

图书馆行政管理职责是本组织成员在一定职位上应该担负的责任。而其职权则是为了担负责任所应该具有的权力,组织中的每一个职位的任职者都具有相应的权力并承担相应的责任。由于权力、责任和职位的相关性,人们往往把职位上的权力和责任简称为权责。为了能够使行政管理人员完成其职责,又不至于滥用权力,要求在组织结构设置时要注意权责对等原则。

2. 统一指挥原则

图书馆内部的部门和职位之间的地位并不平等，而是具有层次结构的，这就产生了上级如何指挥下级的问题。因此，在图书馆的行政管理中要求贯彻统一指挥的原则，以避免多头领导和多头指挥。

3. 高效精干原则

图书馆行政管理的组织结构设置要把高效精干原则放在重要位置上，力求减少管理层次，精简管理机构和人员、充分发挥组织成员的积极性，提高管理效率，在保证行政管理职能的基础上，更好地实现本单位的工作目标。

4. 分工协作原则

图书馆行政管理组织结构设置要确保行政管理组织内部既有合理的分工又要在分工的基础上保持必要的协作。由于行政管理组织之间的分工不能过细，以避免浪费人力资源以及部门之间责任不清和职能交叉等情况。所以应根据行政管理组织的具体情况从各项管理职能的业务性质出发，在行政管理组织内部进行合理的分工，划清职责范围，提高管理专业化程度，以达到提高工作效率的目的，并且加强协作、相互配合。

(三)我国现代图书馆行政管理的组织结构模式

职能型组织结构是图书馆行政管理组织在自身的发展过程中形成的结构模式，这种结构是在图书馆馆长统一领导下，按照各项工作职能分工设置图书馆的若干部门，每个职能部门直接对其上级领导负责，并在其职能范围内对本部门的人员进行指挥、协调、监督控制等。

职能型组织结构的优点是各级管理者分工明确，可以充分利用本部门的资源，有效地处理比较复杂的问题，对提高图书馆馆员的积极性、主动性和创造性具有良好的效果。同时，职能型组织结构还可以有效减轻上级领导的工作负担，使其能更好地处理重大问题。但是这种组织结构的缺点是容易造成多重领导，出现政出多门的现象，各部门容易从各自的利益出发，造成互相推诿的情况，进而影响统一指挥，增加了协调的困难。这种情况下，就需要较高层次的领导在进行管理的过程中关注大局，从图书馆的整体发展需求出发，避免各自为政的现象出现。

二、我国现代图书馆行政管理的工作内容

行政管理在图书馆管理工作中的中枢作用，决定了图书馆行政管理的多样性。这些具体的工作按照职能进行划分可以分成以下几项工作内容。

1. 人力资源的管理

人是图书馆构成要素中的活跃要素，管理好人力资源才能做好各项工作，发挥图书馆的信息资源优势。因此，人力资源管理是图书馆行政管理的核心，是行政管理的重中之重。

2. 财务管理

对以政府财政拨付为主要来源的资金和资产进行管理，以保证图书馆运行的物质基础。

3. 对外事务管理

作为一个文化事业单位，图书馆在正常业务活动中要不断地与外界进行交流，这不仅包括举行各种文化活动、学术交流，还包括接待上级单位检查、其他图书馆的参观等一系列活动，而这部分工作则需要由行政部门策划、接待和处理。

4. 规章制度的建立和完善

图书馆工作是一项兼具学术性、业务性、服务性的复杂劳动。为了能更好地完成图书馆的职能和工作，对图书馆实行科学化管理是势在必行的。而实行科学化管理的关键就是建立健全图书馆的各项规章制度，这些制度应该包括：馆内各个部门的工作职责；每个工作岗位的工作细则；各级管理者的权利与义务；各种会议制度；各种工作规范；考核、考勤制度；休假制度；奖惩制度等。这些制度是行之有效的管理工具，既有制约作用还有激励作用，对规范图书馆馆员的各种工作行为具有重要意义。

5. 内部事务的沟通、协调

图书馆行政管理中一项重要内容就是承上启下地做好信息沟通工作。这里的

承上启下指的是接受上级领导的指示、决策和命令后向下级各个部门进行传达，并将下级各个部门对指示、决策和命令的反应和执行情况向上级领导进行反馈。

6. 读者和用户接待服务工作

一般来说，接待读者和用户并为其提供服务并不是行政管理的主要工作内容，但作为图书馆的一部分，行政管理部门在工作中也要注意配合业务部门尽可能为读者和用户提供服务，解决读者和用户在接受服务过程中遇到的困难。

7. 后勤管理

后勤管理虽然表面看起来简单，但其工作内容却是与图书馆职能的正常运转密不可分的。后勤管理具有服务和保障的特性，主要为图书馆提供各种服务和资源性保障，具体包括水电维护、设备维修、办公物品采购等一系列活动。这些活动为图书馆馆员、读者和用户提供了便利，是行政管理中不可分割的一部分。

总之，行政管理艰巨繁杂又零散琐碎，图书馆应该加强行政管理的各项工作，以科学、合理的方法使行政管理充分发挥其枢纽作用。

三、我国现代图书馆的管理者

（一）我国现代图书馆管理者的重要性

从图书馆的性质和职能来看，无论图书馆馆员从事的是图书馆的基础业务（如采、编等），还是从事其他业务（如财务、办公室等），所有图书馆馆员从事的都是一种管理工作。但这种管理工作仅是一种同管理有联系的业务活动，并不从事对人的管理，故而只能称为业务管理人员，而不是真正意义上的管理者。对图书馆工作来说，只有那些在从事管理过程中对图书馆的普通馆员进行领导、组织协调和监督的人员才是真正的管理者，即中层管理者（各部门的主任）和高层管理者（馆长）。

管理者对于图书馆的发展具有非常重要的作用。第一，图书馆的生存发展在很大程度上取决于这些管理者的决策，特别是高层管理者的战略决策，取决于高层管理者能否审时度势，把握环境的变化，抓住机遇，有胆略地进行风险决策。第二，图书馆要取得良好的运行效果，必须要有严格的管理，而严格的管理要依靠管理者设计、拟订和实施一整套符合图书馆运行的管理制度。第三,合格的管理者本身应是创新者和改革者。在图书馆快速发展和信息膨胀的当前环境中,墨守成规,不改革、不创新,图书馆的发展将无法适应变化着的形势。这就要求管理者尤其是高层管理者作为变革者,应去克服发展中的重重阻力,排除各种干扰,积极改革创新,利用自身敏锐的洞察力和创新胆识打造图书馆的美好未来。第四,图书馆的发展在很大程度上依靠本单位各部门间的协调和配合,因此要求在面对各部门之间的沟通和矛盾时管理者既要有权威又要有经验,才能把各部门的力量集中到实现统一的工作目标中来。第五,图书馆工作目标和社会效益的实现,要依靠广大图书馆馆员的工作热情和奉献精神,这就需要管理者在工作中要充分调动图书馆馆员的积极性、创造性,开展深入细致的思想工作,而不是单纯地进行说教式的空洞工作,要贴近图书馆馆员的生活实际和工作实际,从而加强图书馆馆员的工作凝聚力。

(二)我国现代图书馆管理者的职能

图书馆管理者的工作是纷繁庞杂的,既有图书情报专业方面的工作,又有日常管理上的工作。一般而言,高层管理者着重于非结构化的、非专业化的、长远性的工作安排。而基层管理者则主要是保证组织内部稳定的工作,因此,更应关注当前的、具体的、集中的和短期性工作。归纳起来,管理者必须做好的基本工作有以下几项,只有将这些基本工作完成,管理者才有可能综合各种资源,实现图书馆的工作目标。

(1)拟订工作目标。不论是基层管理者还是高层管理者在工作中都应拟订一定的工作目标,然后以这些工作目标为基点,安排为达到这些工作目标所应做的事情,并将工作目标向负责相关工作的图书馆馆员解释清楚,促使目标有效达成。

(2)组织执行工作。分析需要完成的工作目标,将工作分类,并将其交给相关的执行部门或个人。

(3)联络协调工作。将负责各种业务的图书馆馆员组织起来并开展必要的沟通和协调。

(4)考核。管理者对其管理的部门和个人的业绩进行科学、客观的评价,将各种考核的意义及其结论传达给下属并汇报给上级领导,以便对图书馆整体工作做出必要的改进。

(5)培养人才。善于发现下属的特殊能力和才干,有目的地对其进行培养。

(三)我国现代图书馆管理者的素质及其培养

由于管理者要在图书馆的管理工作中充当多种角色,履行管理的各项职能,这就要求他们要有坚实的知识背景和基本的管理技能。那么,管理者应该具有什么样的素质呢?众多管理学家们提出了很多观点,但总体来看,一个管理者的素质应该包括道德品质、知识和实际工作能力三大方面。因为,道德品质是指导一个人行为的主观力量,决定着个人工作的愿望和干劲。知识代表了一定的智能水平,决定着一个人的实际工作能力。

1. 道德品质方面

一个人的道德品质体现了其世界观、人生观、价值观、道德观和法制观,持续有力地指导着一个人面对现实的态度和行为方式。作为一名管理者,应该具有强烈的管理意愿和责任感以及良好的心理素质。

(1)管理意愿和责任感。作为管理者必须具有为他人工作承担责任、激励他人取得更大成绩的意愿。如果管理者缺乏这种意愿,那么他就不可能是一个成功的管理者。管理意愿是决定一个人能否学会并运用基本管理技能的主要因素。只有树立起一定的理想,有强烈的事业心和责任感,管理者才能在管理岗位上有所作为,有所贡献。

(2)良好的心理素质。管理工作具有其特殊性,作为一名管理者,除了要有强烈的管理意愿外,良好的心理素质也是必备因素之一,即要具有创新精神、实干精神、合作精神和奉献精神。面对着复杂多变的管理环境,管理者要具有创新精神,要勇于引进新的技术、起用合适的新人、采用全新的管理方式,要敢于探索,并能够承受风险带来的损失。缺乏这些心理素质的人是不适合从事管理工作的。当然,管理者要有与人合作共事的精神,要善于团结群众、依靠群众。同时图书馆的管理者要有一种服务于图书馆、服务于图书馆馆员、服务于读者和用户的奉献精神。

2. 知识方面

图书馆管理要求管理者掌握一定的图书情报专业知识,这些专业知识同管理知识一样是提高管理水平和管理艺术的基础与源泉。因此,管理是一门综合性的学科,涉及的学科知识很广。一般来说,图书馆的管理者应该掌握以下几方面的知识:

(1)政治、法律方面的知识。要把握党和国家的路线、方针、政策,熟悉国家的有关法令、条例和规定。

(2)图书馆学、情报学和管理学知识。要求管理者具有图书情报知识背景,并且管理学知识也是图书馆管理中必不可少的知识。

(3)心理学、社会学方面的知识。善于协调人与人之间的关系,以及调动图书馆馆员的工作积极性。

(4)计算机方面的相关知识。图书馆业务在当今社会的发展状况下离不开计算机的支持,不论是图书馆业务管理方面、信息提供方面,还是图书馆行政业务的管理方面,计算机相关知识的应用必不可少。

3. 实际工作能力方面

一个成功的管理者并不是意味着只要把管理的理论、原则、方法背得滚瓜烂熟即可,而是能很好地把各种管理理论与业务知识应用于工作实践,进行具体的管理,解决实际问题,这才是管理者的实际工作能力。而要提高管理水平的最有效的方法就是进行实践。在实践中管理者的基本理论和专业知识不断积累和丰富,既有助于将能力与理论知识联系起来,使实际工作能力有所增长与发展,同时又促进管理者对基本理论和专业知识的学习消化及具体运用。

四、我国现代图书馆的领导者

管理和领导是两个既有所相似又有所区别的定义,相似之处在于两者都涉及对要做的事情做出决定,并尽力保证任务能够完成,两者都是完整的行为体系。区别在于管理强调微观方面,侧重具体事项,注重的事情基本在几个月或几年内完成,时间范围相对较短,看重风险的排除以确保管理行为的合理性。领导则注重宏观方面,侧重于发展的整体性,关注更长时间范围的事情,实施具有一定风险的战略部署。领导和管理具有各自的主要功能。领导能带来变革,管理则是为了维持秩序,使事情高效运转。

基于以上认识,对图书馆管理者的认识就要有所区别。图书馆馆长作为图书馆管理者的地位就超出了其他管理者,是一种领导者的地位,在图书馆的发展中占有更加重要的位置。而领导者——图书馆馆长也要有区别于普通管理者的素质和领导行为。

(一)领导者(图书馆馆长)应具备的素质

与普通管理者相比,领导者(图书馆馆长)应具有以下几种素质:

(1)战略思考能力。领导者(图书馆馆长)对图书馆发展的指导思想和长远目标应该具有很好的战略思考能力,不论遇到何种挫折和失败,都应坚持和奋斗下去。

(2)充满激情。领导者(图书馆馆长)应对未来的图书馆事业和工作充满激情,真心喜欢自己所做的工作。在工作中用自己的激情鼓舞图书馆馆员,使馆内的工作氛围浓烈,促进各项工作的完成。

(3)公正。这里的公正包括领导者(图书馆馆长)对自己能力的公正评价和对其下属工作人员工作能力和工作成果的公正评价。因为一个人不真正了解自己的优缺点和真实的能力是不太容易取得成功的。而善于观察、善于和他人共事、善于向别人学习,对自己下属的工作能力和工作成果进行公正、真实地评价同样也是领导者应具备的素质。

(二)领导者(图书馆馆长)的关键行为

1. 为图书馆构建远景规划

虽然图书馆的领导者(图书馆馆长)是一个固定的工作岗位,但实际执行人却总是在不断变化,图书馆的发展会受到人员更换的影响。因此,图书馆要想成功发展,就需要在管理中注重保持不变的核心价值观和发展目标,这是图书馆不断地适应外部变化成功发展的稳定标志。而图书馆核心价值观和发展目标的确定就需要领导者(图书馆馆长)的远见卓识和有活力的远景规划。

2. 识别和关爱下属

真正的领导者应该了解下属的工作内容和在工作中面对的压力。通过仔细倾听和敏锐观察，认识到下属的需要，在合理范围内考虑他们的最大利益。当前在图书馆行政管理中所需处理的各种关系呈现出多样化的发展趋势，领导者（图书馆馆长）处于这种关系网的核心。这就要求领导者（图书馆馆长）必须了解其下属的观点和态度，这既是领导者（图书馆馆长）向他人表示尊重和认可的方式，也是领导者（图书馆馆长）向群众学习的一种途径。

3. 正确利用和提高下属的工作能力

领导者（图书馆馆长）的一项基本任务，就是不断地提高其下属把共同的价值标准付诸实践的能力。为了实现这一任务，领导者（图书馆馆长）要增强下属的能力和自信心，提高图书馆馆员这个团队的整体工作能力，树立起领导者（图书馆馆长）的威信。此外，为了实现这一任务还必须保证下属享有接受培训和再教育的机会，以便增加其知识和技术，并在提供培训资源上给予支持，使下属有足够的能力投入图书馆的工作。

4. 服务于图书馆的发展目标

领导者（图书馆馆长）的职责就是为图书馆的发展目标而服务，这就要求他们要以行动表明自己将图书馆的发展目标置于工作首位，要在各自岗位上做好自己的本职工作，以实际行动表明自己的决心，努力为图书馆的利益去奉献自己，并且通过自己的行为去影响和带动下属，促使他们为同样的发展目标而奋斗。

5. 保持希望

一般情况下，图书馆是国家投资的事业单位，这就使得图书馆在发展过程中缺乏企业间的竞争性。这种竞争性的缺乏，使得图书馆的发展缺少了一分活力和激情。因此，领导者（图书馆馆长）应该让图书馆馆员对图书馆未来的发展保持希望，努力激发他们的才智和能力，保证图书馆拥有发展活力。

第三节 我国现代图书馆人力资源与财务管理

一、我国现代图书馆人力资源管理

我国现代图书馆人力资源管理的任务就是确保图书馆在适当的时间获得适当的人力(包括数量、质量、层次和结构等),实现人力资源的最佳配置,使图书馆和图书馆馆员双方的合理需要都能得到满足。所以,人力资源管理部门作为图书馆行政管理的基础部门之一,承担着对图书馆馆员的规划和选拔、培训和开发、保留和激励、评价和考核工作。我们知道,有效的人力资源管理,有助于管理者成功地实施组织战略。我国现代图书馆人力资源管理应以与组织目标一致的活动为着眼点,着重发挥图书馆馆员的创造力,构建有利于学习和创新的工作环境,从而创造和激励合格的图书馆馆员队伍。

(一)图书馆内人力资源的规划工作

人力资源规划的目的是保证实现组织的各种目标,并有助于改善人力资源的配置,降低用人成本,同时谋求人力资源使用的平衡,谋求人力资源科学、有效的开发。图书馆人力资源规划指的是为了达到图书馆的战略目标与战术目标,根据馆内当前的人力资源状况,为了满足未来一段时间内图书馆的人力资源质量和数量方面的需要而做出的决定引进、保持、提高、流出人力资源的工作安排。当然,在制定人力资源规划时要充分考虑图书馆内外环境的变化,注意图书馆的战略目标与图书馆人力资源规划的衔接且必须以图书馆发展为前提。

图书馆馆员按工作岗位划分,可分为行政人员、业务人员和后勤人员,其中行政人员和业务人员是图书馆馆员的主体。行政人员主要负责图书馆内部事务的管理和对外事务的沟通,而业务人员主要负责图书馆的各项特色业务,但无论是行政人员还是业务人员的工作内容、职位安排都需要根据图书馆的战略目标进行特色设计,以满足图书馆未来发展的远景规划。因此,人力资源管理部门要根据馆内人事的需求,通过人事决策、工作设计和职位优化组合,加强特色业务的图书馆馆员配置,制定相应的政策体系,及时发布人事信息,以便在不断变化的图书馆工作中有效地管理好本馆人员,使图书馆馆员最大限度地发挥作用。

(二)图书馆馆员的招聘

在图书馆人事管理中,聘用合适的人员尤为重要。一方面,聘用优秀的组织成员,能够使其胜任工作,做到人尽其职;另一方面,优秀的图书馆馆员能满足本单位的工作需求,从而使职得其人,有利于图书馆的发展。因此,聘用合格的人才是人力资源管理部门的首要职责,是图书馆补充人员的主要渠道。对招聘进行有效规划,能够不断补充具有高水平高素质的图书馆馆员。

(三)图书馆馆员的培训与再教育

对图书馆来说,图书馆馆员的培训和再教育是一项十分重要的工作。图书馆是一个以提供信息服务为主的组织机构,而当今社会又是信息社会,信息更新速度之快,让人目不暇接,加之信息技术的不断发展,计算机技术、多媒体技术、网络技术等被大量引入图书馆,使图书馆的资源结构、信息处理技术、服务项目和方式都发生了巨大变化。如何在这种信息高速发展、变化的时代保证图书馆的良性发展,是图书馆在发展过程中遇到的一项困难,而对图书馆馆员进行培训与再教育,是有效解决这个困难的关键。培训与再教育目的就是提高图书馆馆员的知识水平,通过补充和提高图书馆馆员的专业技能,帮助馆员提升相互沟通、配合的能力。因为只有促进在职人员知识更新,不断提高图书馆馆员的专业素质和综合修养,才能使其与图书馆事业同步发展,并跟上信息时代的变化。同时,根据馆员知识更新的情况,考查他们的业务水平,继而对其进行评议,能够做到择优选拔。

(四)图书馆馆员职业生涯规划设计

图书馆馆员在自身完整的职业生涯中,有安全性、挑战性和自我发展的需要。人力资源管理部门要善于有效地把图书馆的战略目标与图书馆馆员个人的职业发展目标结合起来,关注图书馆馆员的职业愿望、职业价值、职业感知和对职业生涯规划的有效反应,努力为他们确定一条可依循、可感知、充满成就感的职业发展道路。图书馆可以通过本单位的职业发展规划、晋升计划等达到保留图书馆馆员和促进图书馆馆员自我发展的目的,以促进图书馆业务水平的提高。

(五)图书馆馆员激励

图书馆行政管理的目的,就是要充分利用馆内所拥有的资源,使图书馆处于高效运转的状态。图书馆所拥有的资源,主要是人、财、物和信息四大类,人是这四类资源中最重要的资源,其余三种资源都需要人来操作才能发挥其功能。所以,图书馆人力资源管理要注重图书馆馆员激励措施的运用,激发图书馆馆员的工作热情。

这里可以将激励理解为创设满足图书馆馆员工作、生活的各种条件,用以激发图书馆馆员的工作积极性,使之产生实现图书馆工作目标的特定行为的过程。激励措施主要有以下几种。

1. 物质激励

通过正负激励手段,即发放奖金、津贴、福利、罚款等方式调动图书馆馆员的工作积极性,以期为图书馆发展多做贡献。但奖罚措施要公之于众,并形成制度稳定下来,在实践过程中要力求公正,不搞“平均主义”。

2. 精神激励

精神激励能在较高层次上调动图书馆馆员的工作积极性,较之物质激励,精神激励能在更大程度和更长的时间里起到激励效果。精神激励主要有以下几种形式:

(1)目标激励。图书馆作为一个组织机构,应对自己的长期目标、中期目标和近期目标进行宣传,使图书馆馆员了解自己在目标实现过程中所起到的作用,使图书馆馆员认识到只有在完成本单位目标的过程中,才能实现个人事业的发展和待遇的改善,图书馆的发展与图书馆馆员利益息息相关,从而加强图书馆馆员的责任心和凝聚力。

(2)工作激励。一位学者曾经说过“工作的报酬就是工作本身”,这句话表明工作本身具有激励作用。在工作中人们如果获得足够的重视和有足够大的发挥空间,就会力求将自己最大的潜能发挥出来,以期表现出自己的才能,最终获得一种自我实现感。图书馆人力资源管理中要重视工作本身的激励作用,多为图书馆馆员创造发挥才能的空间。

(3)荣誉激励。荣誉是众人或单位对个体或群体的正面评价,可以满足人们自尊的需要。因此,荣誉激励是激发人们奋力进取的重要手段。荣誉作为一种激励手段,不需要太多的资源,但其影响效果深远,是人力资源管理中很好的管理手段。

3. 情感激励

情感激励指的就是加强与图书馆馆员之间的感情沟通,尊重图书馆馆员,使图书馆馆员始终保持良好的情绪以激发图书馆馆员的工作热情。这会使得图书馆馆员在良好的心态下拓宽工作思路,从而快速解决所遇到的工作问题。可以看出,情感激励具有动机激发功能;具有创造良好的工作环境,加强管理者与图书馆馆员以及图书馆馆员之间的沟通与协调的功能;是激励的有效方式。

4. 发展性激励

发展性激励就是图书馆为图书馆馆员创造学习与成长的机会,包括设置挑战性的工作任务、提供更多的学习与培训的机会、安排合适的轮岗、设计职业生涯规划等。其中,职业生涯规划通过为图书馆馆员构建职业开发与职业发展轨道,最大限度地开发个人的潜能并充分发挥其潜能,使之与图书馆馆员的职业需求相匹配、协调、融合,使图书馆的发展与图书馆馆员的职业需求达到最佳的结合,使图书馆与图书馆馆员双赢。因此,设计职业生涯规划成为发展性激励的主要内容。

(六)图书馆馆员的绩效考核

1. 绩效考核在图书馆人力资源管理中的含义和作用

图书馆馆员的绩效考核,一方面是图书馆对图书馆馆员完成工作的质量和数量所进行的评价,即图书馆馆员是以什么样的态度完成了所分配的工作以及完成工作的程度如何;另一方面是对图书馆馆员的能力、性格、适应性等方面的素质进行综合评价。在图书馆人力资源管理中实施绩效考核,可以衡量和评价图书馆馆员某一时期的工作表现,帮助他们在本单位更好地发展,这是一种有效的人力资源管理手段,具有积极的作用。

(1)绩效考核可以为人力资源管理和其他管理提供客观依据。绩效考核可以根据对图书馆馆员素质、成绩的全面鉴定和评价,了解和肯定图书馆馆员的能力和素质,考核结论有利于为职务升降、调动培训、奖惩等提供重要依据。

(2)作为人力资源管理的竞争和激励机制,绩效考核打破了人员习惯维持现状、不求进取的心理状态,从而激发了图书馆发展的活力,是科学规范的人力资源管理制度建立和完善不可或缺的手段。绩效考核有利于创造充满竞争和激励的环境,为图书馆馆员的工作行为提供测量标准,从而起到鼓励先进、鞭策后进的作用,使图书馆馆员保持高昂的工作热情,出色地完成工作任务。

(3)绩效考核为考核者和被考核者提供了一个正式沟通的渠道,使双方可以面对面地讨论考核结果,指出优缺点和需要改进的地方。考核者可以及时了解被考核者的实际工作状况及产生这种状况深层次的原因,从而对人力资源管理各项决策的执行效果进行评估,及时发现问题和不足,为人力资源管理政策的改进提供依据。同时,被考核者也可以及时了解管理者的管理思路和计划,可以更加了解自身的真实工作水平以及单位对自己的评价,有利于上下级之间的沟通、有利于图书馆馆员更清楚地接受组织目标,把图书馆馆员对工作的不满降到最低程度。

(4)绩效考核能把图书馆馆员的行为与图书馆的目标有机结合在一起。因为绩效考核实质上是一种行为规范方式,通过认可的、有助于目标达成的行为方式和行为标准,努力把图书馆馆员的行为导向图书馆发展所期望的方向,并将图书馆馆员行为结果与图书馆馆员在组织中发展的前景联系起来。另外,绩效考核还能通过认可和奖励图书馆馆员良好的绩效以激励其绩效"达标",或者确认和改正存在的绩效问题,从而有利于图书馆馆员的工作行为不偏离图书馆的目标。

2. 绩效考核的原则和内容

为了做好图书馆绩效考核工作,需要在现实工作中坚持以下原则。

(1)客观公正原则。绩效考核要以绩效这一事实为基点,考核的重要依据可以因图书馆馆员职位不同而不同,但考核的指标要客观。也就是说,绩效考核绝不能主观臆断,无中生有,或编造事实;考核的重要依据不能因人而异;考核的指标要准确具体,要具有针对性和可操作性,应反映具体职位的基本特点,便于衡量和考核。而且,考核的指标要尽可能定量化,以增强考核的科学性和准确性,以准确地评定和反映人员的实际工作绩效。不准确和不公正的考核往往会使图书馆馆员丧失对图书馆的信任,从而影响图书馆馆员的工作积极性。

(2)民主公开透明原则。考核要民主、公开和透明,应让图书馆馆员了解考核的目的和意义。也就是说,不能搞专制独裁,特别是不能搞暗箱操作,应把考核条件、考核范围、考核指标、考核程序、考核结果等事项都加以公开,只有公开的评价才可能是公正的,才能得到图书馆全体馆员的认可。

(3)注重实绩原则。图书馆馆员的实绩指的是图书馆馆员的实际工作绩效,包括图书馆馆员完成工作的数量和质量、对图书馆建设的贡献等。它是图书馆馆员工作态度、工作作风、工作经验、工作技能和知识水平等方面的综合表现。注重实绩的原则有利于激励图书馆馆员认真履行工作职责;有利于图书馆馆员不断提高自身素质,以便更好地完成本职工作;有利于克服考核过程中可能产生的不当行为,为考核确定一个量化的标准和工作指南,增强考核的准确性和可操作性,降低不当行为发生的可能性。

此外,在图书馆馆员绩效考核中还要注意考核原则的一致性和可靠性,要适应各类型、各层次人员,具有可执行性。考核结果应及时、有针对性地反馈给图书馆馆员,使图书馆馆员了解自身优缺点,以便发挥长处和克服短处。

图书馆馆员绩效考核的基本内容包括德、能、勤、绩四个方面。德、能、勤、绩是一个有机的整体,德和能是图书馆馆员绩效考核的基础,勤和绩则是图书馆馆员工作过程和工作成果的具体表现。其中,绩是德、能、勤的综合体现,我们不可能抛开工作业绩来空谈图书馆馆员的思想品德、工作能力和工作态度。在对德的考核中,应当注重图书馆馆员的思想政治素质、道德素质和心理素质;在对能的考核中,应当突出图书馆馆员的能力素质;在对勤的考核中,重点应放在图书馆馆员勤奋敬业的精神上;而对绩的考核则应放在图书馆馆员的工作绩效上,包括完成工作的数量和质量、取得的经济效益和社会效益。

3. 绩效考核的程序和方法

图书馆绩效考核是一项细致的工作,必须遵循一定的程序。一般而言,绩效考核的程序可以分为横向程序和纵向程序两种。

横向程序是按照绩效考核先后顺序形成的过程来进行的，主要环节包括：第一，准备阶段。获取图书馆馆内的支持，对图书馆馆员进行必要的宣传和动员；选择考核的时间、地点、方法和考核者；制定考核指标，避免主观随意性。第二，具体执行阶段。先由图书馆馆员在一定范围内进行述职，介绍自己在被考核阶段的工作情况，取得的工作成绩及存在的不足之处，由考核者进行民主评议，对图书馆馆员的工作绩效进行考证、测定和记录。然后，考核者根据已有的资料和对被考核者情况的了解，与考核指标进行对比，就评价的结果进行分析和评定，从而获得考核的结论，由考核者客观、公正、实事求是地填写考核表。第三，结果反馈阶段。考核结论通常应告知被考核者，使其了解本单位对其的看法和评价，从而使其发扬优点、克服缺点。同时，还要对考核中发现的问题采取及时的纠正措施。将考核结果与奖惩、晋升、培训、工资等人力资源管理环节结合起来，有针对性地修正下一阶段的工作计划和人力资源发展规划。

纵向程序是按照图书馆馆内组织的层级进行的，一般先对基层进行考核，再对中层进行考核，最后对高层进行考核，形成自下而上的考核过程。它包括：第一，基层考核。由图书馆馆内各部门的考核者进行考核，考核内容既包括图书馆馆员的工作行为、工作绩效，也包括影响其行为的个人特征和品质。第二，中层考核。考核内容既包括各部门负责人的工作行为与特性，也包括该部门总体的工作绩效。第三，高层考核。主要是指图书馆领导层的考核，由图书馆所隶属的上级机构来进行，考核内容主要包括图书馆目标的达成情况等。

选择考核方法时应该考虑考核的目的和内容，考核者和被考核者及考核的次数、方法及考核性质。一般来说，可以同时采用多种考核方法，将这些方法综合起来使用，优势互补，以保证考核的有效性。与晋升有关的考核往往采用叙述、评语、图表评等级、排序等方法；与发展有关的考核一般采用行为定向、关键事件、叙述、评语等方法；与加薪有关的考核一般采用目标管理、工作标准、排序、强迫分配等方法。以下是几种有代表性的绩效考核方法：

(1)量表法。在量表中列出一系列被认为是绩效优秀者所必需的个人特征，并为每一特征赋予评定分数。量表上用数目或描述性的词语显示不同的绩效水平。

(2)关键事件法。考核者将每位被考核者在工作中表现出来的非同寻常的良好行为或不良行为(或事故)记录下来,每隔一段时间根据记录的特殊事件来讨论被考核者的工作绩效的方法。

(3)目标管理法。目标管理法是把图书馆的具体工作计划以目标的形式分解到每一个图书馆馆员身上,以这些具体目标作为对图书馆馆员工作绩效的考核依据的一种考核方法。目标管理法通过使每个图书馆馆员都为完成目标而努力来维护图书馆的发展。其主要包括两个方面的内容:一是与每一位图书馆馆员共同制订一系列便于衡量的目标;二是定期讨论目标的完成情况。

(七)图书馆人力资源开发

人力资源开发(Human Resource Development,HRD)是人力资源管理的核心内容。人力资源开发的本意是对人的才能进行开发,在现代管理学中人力资源开发就是把人的智慧、知识、经验、技能、创造性、积极性当作一种资源加以发掘、培养、发展和利用,以提高人的才能和增强人的活力。图书馆人力资源开发就是通过对图书馆馆员进行有计划的人力资本投资,采取教育、培训等有效形式,充分挖掘图书馆馆员的智慧、知识、经验、技能和创造性,积极调动图书馆人力资源工作的积极性和潜在发展能力的过程,目的在于促进图书馆馆员个人发展,提高图书馆馆员的才能并增强其活力,以保证图书馆各项目标的实现。

1. 我国现代图书馆人力资源开发的现状

目前我国现代图书馆人力资源开发存在许多问题,还没有完全建立起规范、合理的相关制度,图书馆馆员的潜能释放受到很多因素的制约和影响。主要表现在以下方面:

首先,“人本原理”思想的缺失制约了图书馆馆员潜能的开发。近年来很多图书馆学专家都强调以人为本的管理思想,但在实践中往往得不到有效的贯彻执行。强调管理监督功能的图书馆管理方法,暗示了对图书馆馆员的不信任,在某种程度上挫伤了图书馆馆员的积极性。同时,管理层还认为图书馆馆员工作的最终目的是经济利益,他们一旦获得学习的机会,则更多考虑的是个人目的。从这个角度出发而形成的图书馆文化,显然是不利于图书馆馆员个人发展的,图书馆馆员潜能也得不到重视。

其次,传统图书馆管理理念导致图书馆馆员的潜能低层次释放。图书馆的传统服务形式是一种消极等待的被动服务,而图书馆馆员也只是作为文献资料的保管员和传递员来开展工作。在图书馆的管理活动中忽视了图书馆馆员的个性特长,忽视了图书馆馆员个人所具有的潜能,把图书馆馆员的潜能定位在低度释放的范围内,这种低要求、浅层次的能量转换,非但不能创造出图书馆服务工作的高绩效,反而制约了图书馆馆员正常能力的有效发挥,更谈不上潜能的最大释放。

最后,封闭式的管理机制束缚了图书馆馆员的潜能释放。我国大多数图书馆的现行管理体制仍是在计划经济体制下产生和发展起来的,具有强烈的自我封闭性。人们没有从社会与发展的角度去清醒地认识图书馆的社会地位和作用,而且在图书馆工作部门的设置上按照线性作业流程和工作环节进行架构,实现部门的管理职能。这种线性发展的组织结构造成了对外与社会需求严重脱节,对内只突出行政管理上的领导与被领导关系,而没有形成业务上的指导与被指导关系,束缚了图书馆馆员的个人发展,同时也制约了图书馆的可持续发展。这种管理机制,由于缺乏互相沟通和联系,无法实现工作任务的互换,从而使图书馆馆员长期从事简单重复的工作,缺乏挑战性和危机感,处于缺少竞争力的消极被动状态。

为了改变这种落后的人力资源管理面貌,就需要加大改革力度,开发图书馆人力资源,提高图书馆管理效率,激发图书馆馆员的才能和活力,使之不断焕发出更大的工作激情。

2. 图书馆人力资源开发的意义

(1)人力资源开发是图书馆适应社会进步和技术发展的重要措施。社会的进步是推动图书馆事业发展的强大动力,而技术的发展又是图书馆增强生命力和长远发展的重要手段。图书馆馆员必须不断更新知识和技能。知识要通过学习和实践来获得,技能要通过在实践中勤学苦练来形成。因此,对图书馆人力资源的智力开发和职业技术开发、人力资源管理政策的开发以及实用性开发，都是图书馆人力资源管理和开发的主要内容，是系统化的管理工程。

(2)人力资源开发可以提高图书馆馆员的素质，改善图书馆服务的质量，提高图书馆工作的效率和社会效益。

(3)人力资源开发是图书馆获得竞争力的关键。目前社会上出现了越来越多的提供类似图书馆服务的机构，同时网络技术迅速发展并普及，使得图书馆不再是人们获得所需信息的唯一途径。要保持并提高自身的地位，图书馆就必须重视开发人力资源，只有如此才能获得长期发展的竞争力。

(4)人力资源开发还是促进图书馆馆员发挥潜能的有效途径。培训等有效的继续教育方式，有利于图书馆馆员个性和特长的进一步发挥，有利于真正落实以人为本的管理思想，使图书馆馆员的个人发展得到管理层的理解和重视，使他们获得工作中的自我实现的成就感，极大地改善图书馆的工作氛围，从而使图书馆和图书馆馆员自身实现“双赢”。

3. 图书馆人力资源开发的内容和方式

有学者认为，图书馆人力资源开发的内容应包括能力的开发和精神的开发。能力开发，指体能与智力的开发。精神开发，指人力资源的政治观念、职业道德、敬业精神、合作意识等属于组织文化内涵方面的开发。

根据人力资源的特点以及现代人力资源开发理论，我们可以把开发活动划分为三个层次：

(1)培养性开发。图书馆人力资源培养性开发主要指以教育培训的方式来进行开发，它包括图书馆馆员知识的更新、技能的拓展、素质的提高。在新的网络环境和社会环境下，图书馆馆员应成为咨询专家、知识导航员，这是图书馆馆员专业性的体现。根据这种社会需求，应通过对图书馆馆员的继续教育与培训提高其工作技能和自身素质。

图书馆馆员不仅要加强图书馆学情报学专业知识的培训，还要重视其他相关知识和技能的学习。一专多能的人才是图书馆持续发展的保证。图书馆馆员应进行的知识技能培训为基本技能培训和工作能力培训。基本技能培训主要指为了满足信息时代读者和用户的信息需求，掌握有关的计算机基本操作、网络基础、数据库管理、信息收集与处理、专业外语等方面的知识。而工作能力培训主要是提高解决实际问题的能力，如怎样正确处理工作中的人际关系、如何设立有效的激励机制、如何分配图书馆中的各种资源等。图书馆人力资源培养性开发应该实现制度化、规范化，对其内容也应有相对权威的规范。

(2)使用性开发。实际上，使用性开发是对图书馆馆员进行激励的一种手段，其内容主要是量才为用、职务晋升。图书馆人力资源使用性开发的关键是用人，主张在充分考查图书馆馆员个人的专业、学历、特长、技能、发展方向和个性的基础上，为其安排更具挑战性的工作任务。图书馆馆员在工作实践过程中，将不断学习新的技能，积累新的经验，获取新的管理方法，这实际上也是对自身能力的一种挖掘与开发。图书馆在做出这样的工作设计时，不仅使本馆的人力资源得到充分利用，同时也使图书馆馆员个人得到了充分的发展。此外，增加图书馆馆员岗位轮换也不失为一种有效的开发方式。图书馆馆员如果长期在同一个岗位工作，很容易满足现状而产生惰性，甚至对工作产生心理疲劳。岗位轮换，使图书馆馆员有更多的机会了解、熟悉并从事图书馆内一系列相关工作，扩大视野；同时，也能使图书馆馆员对工作产生新鲜感，增强学习新知识和掌握新技能的兴趣，有利于更新知识结构和培养一专多能的复合型人才，促进图书馆事业的不断发展。但目前一些图书馆考虑到岗位轮换将要付出的培训费用，往往忽视图书馆馆员渴望新的工作任务和迎接新的挑战的心理需求，不鼓励、不提倡图书馆馆员在图书馆馆内的工作岗位轮换，导致了工作效率低下的后果。图书馆的管理层，应该避免这种“短视”。

(3)政策性开发。人力资源政策性开发是指通过制定符合人才成长规律和人力资源管理原理的一系列调整政策来变革管理体制，充分运用激励机制等手段，促进人才的不断涌现。目前我国现代图书馆人力资源开发与管理的现状不容乐观，很多图书馆没有形成相关的制度与政策，缺乏对人力资源开发与管理的长期规划，对于图书馆馆员的开发和聘任等仍主要是遵从上级部门的安排，随意性大，岗位设置与人员结构不合理，造成了一定程度的人力资源浪费。对于图书馆人力资源的政策性开发，管理者要做的是制定一套尊重图书馆馆员个人发展所需要的规章制度，保障图书馆馆员的科学培训和正常工作。

二、我国现代图书馆财务管理

（一）我国现代图书馆财务管理的内涵

行政管理体系中除了对人的管理，另一项重要的管理就是对钱和物的管理。众所周知，在现今这个高度组织化的社会，无论是从事社会管理的政府还是从事营利活动的企业，甚至一个家庭都离不开人力、物力、资金等要素的运转和支撑。当然，在企业等以营利为目的的组织机构中，追求利润最大化是其终极目标，它代表了企业等组织努力实现的最终结果。而图书馆作为一个为社会提供信息服务的非营利性的公益性服务组织机构，其最终目标不是追求利润，而是为社会提供一种公益性服务，其所拥有的财务资源只是实现其最终目标的手段，利润本身并不是图书馆的最终目标。但即使这样，图书馆的财务管理仍然是图书馆行政管理中的一项重要内容。如何加强图书馆资金的管理、扩大图书馆资金来源的渠道、严格控制各项费用的支出、合理安排资金使用，从而使图书馆资金预算计划顺利完成，是保证图书馆正常运行的物质基础。

因此，图书馆的财务管理就是在日常管理中遵循资金运转的客观规律，对图书馆的财务活动及其所体现的财务关系进行有效的管理。这里的财务管理包括资金的筹措和分配、制订财务计划和预算、设立专门的财务管理组织、实施财务计划和预算、进行财务全过程监督。其目标就是合理控制图书馆的经济活动，提高图书馆运营管理经费使用的经济效益，维持图书馆良好的财务状况，为图书馆基础服务工作提供物质保证。

此外，在进行财务管理的过程中，图书馆作为非营利性的公益性服务组织机构，要严格遵守财务管理的原则。

（1）实行依法管理。对于图书馆的财务管理，要依照国家法律法规、图书馆章程和财务管理制度的规定进行，图书馆的财务活动只有在这些制度的范围内进行，才能保证有限的资金得到合理利用。

（2）实行计划管理。由于国家财政对图书馆资金的投入量通常并不与图书馆的实际发展相符。因此,对财务的管理要有计划地进行,对影响图书馆活动的各种情况要进行预测,对预测结果要在分析后做出决策,并用财务预算的方式表示出来,以提高预见性。

(3)实行统分结合式管理。图书馆的财务管理应该实行统一领导与分级管理相结合的方式,即财务管理由图书馆的领导者负责,设置单独的财务管理部门和相应的人员对钱和物进行集中管理。财务管理过程中要根据图书馆发展需要,合理安排各部门对资金的使用,保证重点项目和基础建设的资金,并接受图书馆馆员的监督。

(二)我国现代图书馆财务管理的目标、任务和原则

我国现代图书馆财务管理的目标、任务和原则是我国现代图书馆财务管理理论的基石,它决定着图书馆财务管理的方向、内容和方法。

1. 我国现代图书馆财务管理的目标

我国现代图书馆财务管理的目标是图书馆财务活动所希望实现的结果,是评价图书馆财务管理质量的基本标准,是图书馆财务实践、财务决策的出发点和归宿点,也是图书馆财务管理的行为导向,图书馆的一切财务活动都是围绕这个目标进行的。

我国现代图书馆财务管理的目标是努力增收节支,合理安排支出项目,严格控制经费支出,提高资金使用效率,充分利用有限的资金。

2. 我国现代图书馆财务管理的任务

我国现代图书馆财务管理的任务:依法筹集并合理有效地使用资金,对图书馆的各项财务活动实施有效的综合管理。具体包括:①加强图书馆预算管理,保证图书馆各项事业计划和工作任务的完成;②加强收支管理,提高资金使用效率;③加强资产管理,防止国有资产流失;④建立健全财务制度,实现图书馆财务管理的规范化和法制化;⑤按规定及时编报预算、决算,如实反映图书馆财务状况;⑥加强财务分析与财务监督,保证图书馆各项活动的合理性与合法性。

3. 我国现代图书馆财务管理的原则

我国现代图书馆财务管理的原则是图书馆财务管理中应遵循的基本规范。它

们来源于财务管理实践,是在实践过程中抽象出来的并且在实践中被证明是正确的行为规范,是对图书馆财务管理提出的基本要求,也是评价图书馆财务管理质量的标准。它们反映着图书馆财务管理的内在要求,对于规范各类图书馆的财务管理,防止各图书馆自行其是,确保图书馆财务管理的质量,实现图书馆财务管理的目标,都具有重要意义。我国现代图书馆财务管理原则一般包括以下几条:①依法理财原则;②勤俭节约原则;③量入为出原则;④效益原则;⑤正确处理国家、图书馆和个人三者之间的利益关系原则;⑥责任性原则。

(三)我国现代图书馆财务管理的内容

1. 图书馆运营管理经费的筹措

图书馆作为非营利性的公益性服务组织机构,其运营管理经费主要依靠政府的财政投入。所以,图书馆的发展在很大程度上由国家财政投入的程度决定。自改革开放以来,我国综合国力逐渐增强,政府对公益性服务组织机构的经费投入比例也逐年增长。但是我国公益性服务组织机构众多,图书馆只是其中之一,而且由于图书馆的运营管理经费来源渠道单一,这就使得图书馆在发展过程中经费依赖现象严重。当前,我国各种类型的图书馆都存在着经费紧张的现象,从而极大影响了图书馆的信息服务质量。如何在现有情况下,既拓宽图书馆运营管理经费的来源渠道,又保持图书馆作为非营利性的服务组织机构的公益性,这就要求在图书馆发展中扮演幕后角色的财务管理要发挥其应有作用,在运营管理经费筹措方面为图书馆开辟新的途径。

(1)继续加强政府对图书馆工作的重视程度,提高政府对图书馆的投资力度。图书馆的运营管理经费绝大部分来自政府投资,这一点是毋庸置疑的。单纯依靠图书馆自身的收入维持图书馆的运行并不可行,也会失去图书馆公益性的本质,这就需要不断强化政府对图书馆作用的重视程度,使政府认识到图书馆在现代文化生活中的作用和价值。要做到这一点,需要图书馆人不断发展和创新图书馆各项专业信息服务,使更多的公众认识图书馆、了解图书馆、利用图书馆,让图书馆成为信息社会不可缺少的信息助手,尤其是处于网络发展的时代,更不能使图书馆在社会生活中沦为可有可无的文化机构摆设。

(2)利用图书馆自身优势,扩大运营管理经费来源。第一,图书馆是信息资源汇集的场所,近些年从事图书馆管理的人员素质也有大幅度的提高,拥有硕士、博士学历的专业人才大批涌入图书情报领域,使图书馆利用自身信息的优势开发深层次的信息服务成为可能。当前的科技查新、专题信息跟踪服务等有偿服务工作已经成为图书馆服务的新亮点,这些项目不仅扩大了图书馆的服务领域,也为图书馆开辟了新的运营管理经费来源。第二,图书馆是文化教育的宣传场所,增加图书馆文化服务领域的活动也能带来一定的经济效益。这些活动主要有信息培训服务,如各种数据库的使用等;文化娱乐活动,如美术、摄影展览等;与图书馆有关的经济活动,如图书展销、珍藏版图书推介等。以上这些活动的举行既不与图书馆作为非营利性的公益性服务组织机构的性质相冲突,还能为图书馆创造经济收益,可谓一举两得。

(3)加大图书馆宣传力度,吸收各方捐赠。由于图书馆是政府投资的非营利性的公益性服务组织机构,所以长期以来多数图书馆都是静候读者和用户上门,然后再向其提供相应的服务。因此,社会各界和普通公众对图书馆的认识模糊,利用率也低。这种宣传力度的欠缺和服务方式的懈怠,造成图书馆物质资助的一个重要来源——捐赠受到严重影响,常常是时有时无。其实,捐赠一直以来就是图书馆获得物质资助的一种方式,主要以捐赠图书、期刊为主,资金性质的捐赠并不是主流形式。目前来看,图书馆的捐赠者大概有三种类型,即个人、公司、基金会。图书馆如果想吸收各方的捐赠,就要有计划和有目的地向这几种类型的捐赠者进行自我宣传,宣传方式可以灵活多样,但态度要真诚,对所吸收捐赠的管理要公开、透明。

2. 图书馆财务预算的管理

运营管理经费的有限性和支出需求的无限性,使得图书馆运营管理经费在分配过程中要在可能的支出项目之间进行选择,找出优先支出的项目,这对图书馆的运营管理经费分配具有重要意义。因此,财务预算管理在图书馆财务管理中是一项重要工作。所谓财务预算管理,指的就是图书馆在一定期间内取得及使用经费的计划,是对预算经费的筹措、分配、使用所进行的计划、领导、组织、控制、协调、监督等活动,其目的是完成预算收支任务,提高经费的使用效率,控制财务风险。

图书馆财务预算是一种权利规制管理,体现了以政府为主要出资者的管理者对经费获得者的权利授予与约束。尤其是图书馆作为非营利性的公益性服务组织机构,其经费来源于国家财政拨款。为了更好地履行图书馆的职能,优质高效地完成图书馆的任务,图书馆应该接受国家、政府以及公众对自己在经费使用方面的约束和监督。图书馆管理者应该认识到财务预算不等于一个简单的财务预测或计划,而应作为一部内部"宪法",在图书馆中贯彻执行。

财务预算的关键在于预算编制,对于图书馆的预算编制来说,第一,需要根据图书馆的发展需要确定具体的运营管理经费分配方案,要具体化、数量化;第二,应该综合、全面地考虑和分析图书馆发展中可能遇到的变化,并以货币计划的形式具体、详细地反映出来;第三,坚持综合平衡收支、略有节余,尽量避免预算赤字;第四,应量入为出,根据财务具体情况安排支出。

3. 图书馆财务收支的管理

图书馆财务收支的管理包括收入管理与支出管理两个方面,其中,收入主要有政府拨款、各方捐赠以及图书馆自创经费的形式,其中,前两项是图书馆的主要收入来源,这些收入按照规定要纳入财务部门的统一管理之中,这是财务管理的客观需要。而支出管理由于种类多、用途广,管理起来相对困难,这就有必要对经费的使用范围、用途、指标进行管理,用以实现对图书馆各项财务活动的控制,避免差错或问题,保证图书馆的正常运转。因此,图书馆财务收支的管理作为图书馆财务管理的基本内容,增强其管理的科学性和规范性,提高收支管理的水平也是至关重要的。具体操作中要注意以下几点:

(1)严格遵守收支计划。图书馆财务收支计划是经过图书馆各部门讨论形成并经过严格审核程序的。因此,收支计划一旦确定并通过,就被赋予了相应的效力,对图书馆来说就是具有约束力的文件,非经特定的审核程序不得随意修改。在收支计划执行期间,各部门凡是有收入的都必须按规定入账;有支出的,也应按计划规定进行开支;对于没有列入收支计划的开支项目,财务部门要拒绝为其开支。

如果实在必要,应该履行相应的审批手续,编制补充计划,说明原因,并经过审核后才能列支。

(2)建立健全财务支出管理制度。图书馆为了保证财务收支合理有序,应该建立健全财务支出管理制度。对于经常性支出的核算、使用、效益、标准等实行统一化管理,同时对重大支出项目要遵循严格的审批手续。

(3)保证图书馆馆内基本项目支出。基本项目支出是维持图书馆正常运转的物质基础,因此,应严格图书馆馆内基本项目支出的管理。一方面要严格遵守支出计划;另一方面要本着节约的精神,对于超计划、超范围、超标准的开支坚决抵制,从根本上做到计划开支、有序开支、专款专用。

4. 图书馆资产的管理

图书馆资产是图书馆占有或使用的以货币来计量的经济资源,具体包括流动资产、固定资产和无形资产三类。这其中任何一类资产都具有其特定价值,可以为图书馆的正常运转提供客观条件和物质保证。因此,是图书馆财务管理的重要内容。

一般来说,流动资产是指在一年内可以变现或者耗用的资产或资金,具有周转速度快、循环周期短等特点。对于图书馆来讲,流动资产主要指短期内可以周转的货币资金。

固定资产则是指期限超过一年并且在使用过程中保持原有实物形态的资产,对于图书馆来讲,主要包括房屋、建筑物、运输工具、图书资源以及其他诸如桌椅、电脑、书架等设备。对于这些设施,图书馆应做好以下管理工作:第一,需要做好固定资产管理的各项基础工作,如建立固定资产分级管理责任制,编制固定资产目录,建立固定资产的登记簿或卡片,做好固定资产的计价、折旧工作。第二,应当加强对固定资产实物的管理和维修,对新增固定资产做好验收、移交以及入账工作。第三,对清理报废及有偿调出的固定资产、租出和租入的固定资产,必须做好登记。第四,对使用中的各种固定资产,要做好日常维护、保养和检查、修理工作。

无形资产是指图书馆所控制的不具有实物形态但可以长期发挥作用且能带来经济效益的资源。在当今社会,随着时代的发展和科学技术的进步,无形资产的管理日趋重要。而图书馆作为提供信息服务的非营利性的公益性服务组织机构,凭借其自身优势发展而取得的各种专利技术、文献信息加工成果以及其他信息资源的成果等,对图书馆的发展具有重要作用,其所创造的效益也有不断发展的趋势,图书馆应该对这部分资产做好管理工作。

5. 图书馆财务监督的管理

由于是政府财政支持的单位,财务监督在图书馆管理中显得越发重要。所谓图书馆财务监督,就是根据国家有关财务管理的法律、法规和财务制度,对图书馆的财务活动进行审核和检查。

图书馆财务监督的主要内容:监督运营管理经费的筹措和运用;监督财务预算的执行情况;监督运营管理经费的日常使用;监督资产管理状况等。监督方式以财务报告和财务分析为主,把图书馆一定时期的财务状况和财务预算执行情况编写成书面文件,用财务报表和财务情况说明书具体反映运营管理经费的使用情况,以方便财务监督的进行。

监督的主体主要有图书馆全体馆员、上级主管单位和国家财务监督和审计部门。财务监督可以使图书馆财务管理中存在的问题显现出来,有助于改进和完善图书馆在发展过程中的财务制度,还可以提高运营管理经费的使用效率,实现资源的有效配置。

(四)我国现代图书馆财务管理的技术方法

我国现代图书馆财务管理的技术方法是现代图书馆达到财务管理目标、完成财务管理任务的重要手段,也是现代图书馆财务人员从事财务工作的基本技能。现代图书馆财务管理中,运用一系列的技术方法,形成了一整套科学、完善的财务管理方法体系。根据我国传统的财务管理理论,财务管理包括财务预测、财务决策、财务计划、财务控制及财务分析五个环节。与此相应,我国现代图书馆财务管理方法体系也由相互联系的财务预测方法、财务决策方法、财务计划方法、财务控制方法及财务分析方法组成。

1. 图书馆财务预测方法

图书馆财务预测是图书馆财务人员根据历史资料,依据现实条件,运用特定方法,对图书馆未来的财务活动和财务成果所做出的科学预计和测算。财务预测是财务决策的基础,是图书馆编制财务计划的前提,是图书馆日常财务活动的必要条件。

图书馆财务预测工作一般包括如下几个步骤:①确定预测对象和目标,制订预测计划;②收集、整理相关的信息资料;③选择特定的预测方法进行实际预测;④对初步的预测结论进行分析评价及修正,得出最终预测结果。

图书馆财务管理中常用的预测方法可分为定性预测法和定量预测法两种类型。定性预测法亦称非数量预测法,一般是在缺乏完备、准确的历史资料的情况下,由图书馆领导、财务主管及其他有关专家根据过去积累的经验,利用直观资料,依据个人的主观判断能力及综合分析能力,对图书馆财务的未来状况和趋势做出预测。定性预测法又可分为意见交换法、类推预测法、理论推定法、专家调查法等。定量预测法亦称数量预测法,是运用现代数学方法对历史数据进行科学的加工处理,充分揭示各有关变量之间的规律性联系,建立经济数学模型来进行预测的方法。定量预测法又可分为因果预测法和趋势预测法。

2. 图书馆财务决策方法

图书馆财务决策是指财务人员在财务目标的总体要求下,从若干个可供选择的财务活动方案中选择最优方案的过程。当然,在可供选择的财务活动方案只有一个时,决定是否采纳这个方案也属于财务决策。财务决策是财务管理的核心,直接关系到图书馆财务管理的质量。

图书馆财务决策工作一般包括如下几个步骤:①根据财务预测的信息提出问题;②根据有关信息制定解决问题的若干备选方案;③分析、评价、对比各种方案;④拟订择优标准,选择最优方案。

图书馆财务决策常用的方法有优选对比法、数学微分法、线性规划法、概率决策法、损益决策法等。

3. 图书馆财务计划方法

图书馆财务计划是在一定的时期内以货币形式反映图书馆业务及经营活动所需的运营管理经费及其来源、财务收入和支出、结余及其分配的计划。财务计划是图书馆根据本单位的业务工作安排及定额定员等标准，以财务预测提供的信息和财务决策确立的方案为基础来编制的，是财务预测和财务决策的具体化，也是控制图书馆财务活动的基本依据。图书馆预算、预算外收支计划、经营收支计划等，都是图书馆的财务计划。

图书馆财务计划的编制过程一般包括如下几个环节：①根据财务决策的要求，分析主客观条件，全面安排计划指标；②对需要与可能进行协调，实现综合平衡；③调整各种指标，编制出计划表格。图书馆财务计划的编制过程，实际上就是确定计划指标并对其进行综合平衡的过程。

编制图书馆财务计划的方法主要有平衡法、因素法、比例法、定额法等。

4. 图书馆财务控制方法

图书馆财务控制是指在财务管理过程中，利用有关信息和特定手段，对图书馆的财务活动施加影响或调节的过程，目的是实现财务目标。财务目标是图书馆一切财务活动的出发点和归宿点，是财务管理的行为导向，对图书馆财务活动进行管理和控制，正是为了实现一定的目标。财务控制作为一种经济调控行为，其调控过程一般包括制定目标、分解目标、实施调控、衡量效果、纠正偏差几个步骤。

常见的图书馆财务控制方法如下：①防护性控制。又称排除干扰控制，是在图书馆财务活动发生前就制定一系列制度和规定，把可能产生的差异予以排除的一种控制方法。例如，为了合理使用运营管理经费，节约各种费用开支，可事先规定各项开支的范围和标准；为了防止图书馆滥用职权，杜绝乱收费现象，可事先对其收费的项目、范围和标准做出规定。在图书馆财务管理中，各项事先制定的标准、制度、规定都可以看作排除干扰的方法，这是最彻底的控制方法，也是图书馆财务管理中最常用、最重要的控制方法。②前馈性控制。又称补偿干扰控制，是通过对图书馆财务系统实际运行的监视，运用科学方法预测可能出现的偏差，采取一定措施，使差异得以消除的一种控制方法。例如，为了合理控制图书馆的运营管理经费的使用，保证图书馆各项业务工作顺利开展，要密切关注图书馆运营管理经费的数量，当预测到运营管理经费数量不足，可能影响后续各项业务工作的顺利进行时，就应采取措施，严格控制并合理安排运营管理经费支出，以保证图书馆有足够的支付能力。在图书馆财务管理中,前馈性控制是一种比较好的控制方法,它便于各图书馆及时发现问题并及时采取措施解决问题。但是,采用这种方法要求掌握大量信息,并要进行准确的预测,只有这样才能达到控制目的。③反馈性控制。又称平衡偏差控制,是在认真分析的基础上,发现实际与计划之间的差异,确定差异产生的原因,采取切实有效的措施,调整实际财务活动或调整财务计划,使差异得以消除或避免今后出现类似差异的一种控制方法。反馈性控制是根据实际偏差来进行调节的,属于事后控制,在平衡与调节的过程中,由于时滞的存在,又可能导致新的偏差。但这种控制方法运用起来比较方便,一般不需要太多的信息。因此,这种方法在图书馆财务管理中得到广泛的运用。

5. 图书馆财务分析方法

图书馆财务分析是根据有关信息资料,运用特定方法,对图书馆财务活动过程及其结果进行总结和评价的一项工作。通过财务分析,可以掌握图书馆财务计划的完成情况,评价图书馆财务状况,衡量图书馆工作绩效,研究和掌握图书馆财务活动的规律,改善图书馆财务预测、决策、计划和控制,提高图书馆财务管理水平,促进图书馆财务管理目标的实现。

图书馆财务分析过程一般包括如下几个阶段:①确定题目,明确目标;②收集资料,掌握情况;③运用方法,揭示问题;④提出措施,改进工作。

图书馆财务分析方法主要有两种:

(1)比较分析法。即比较两个相关的财务数据,揭示财务数据之间的相互关系,分析图书馆财务活动的一种方法。通常采用三种方式来进行比较:①将分析期的实际数据与同期计划数据进行对比,确定实际与计划之间的差异,据此考核财务计划完成情况;②将分析期的实际数据与前期数据进行比较,确定本期与前期之间的差异,据此考核图书馆的发展情况,预测图书馆财务活动的未来发展趋势;③将分析期的实际数据与行业平均数据或先进图书馆数据进行对比,确定本单位与行业平均水平或先进水平之间的差异,据此找出原因,改进工作。

(2)比率分析法。即把某些彼此相关联的指标以比率的形式加以对比,据此确定图书馆经济活动变动程度,揭示图书馆财务状况的一种分析方法。在图书馆财务分析中,常用的比率有以下两类:①构成比率。又称结构比率,它是某项经济指标的各个组成部分与总体的比率。通过构成比率,可分析指标构成内容的变化,从而掌握该项财务活动的特点与变化趋势,考察图书馆经济活动的结构是否合理。例如,通过计算图书馆各项支出在支出总额中所占的比率,可分析图书馆行政性支出与业务性支出、维持性支出与发展性支出、重点性支出与一般性支出之间的比率是否恰当,支出结构是否合理。②动态比率。即将某项指标在不同时期的数值相比而求出的比率。它反映的是同一财务指标在不同时期状态下的对比关系,说明的是图书馆财务活动在时间上的发展和变化程度。通过动态比率,可分析图书馆财务活动及相关指标的发展方向及增减速度。

例如:

经营收入增长率=(经营收入增长额/上年经营收入总额)×100%

经营收入增长额=当年经营收入总额-上年经营收入总额

第五章　我国现代图书馆服务管理

第一节　我国现代图书馆服务的含义、特点与内容

一、我国现代图书馆服务的含义

图书馆服务是图书馆根据读者和用户对文献和信息的需求，充分利用图书馆资源向读者和用户提供文献和信息的一切活动的总称。

图书馆服务是一项十分复杂的系统工程，其实质就是以读者和用户的文献和信息需求为导向，确定图书馆建设方针、服务任务和服务目标，按照图书馆工作的特点和规律，准确把握读者和用户的文献和信息需求心理和阅读规律，通过不断地创造和完善服务方式，向社会传播知识，向读者和用户传递文献和信息，从而实现图书馆服务的目标。从这个意义上说，图书馆的一切活动都是围绕着为读者和用户服务这个中心展开的，图书馆的一切活动也都是图书馆服务的有机组成部分。

因此，现代图书馆服务研究领域包括的内容十分广泛。它包括读者和用户的构成、读者和用户需求的界定，开展文献和信息资源建设与组织，根据读者和用户的阅读心理、读者和用户的需求以及文献和信息资源的特点及利用方式的特点等，精心开展文献和信息资源的整序、组织及管理，并以此为基础，通过阅览、借阅、文献传递、馆际互借、参考咨询等各项服务开展读者和用户的服务工作。在数字图书馆服务领域，还需构建适合网络虚拟环境的服务功能和方式，开展网上数字化信息服务。

二、我国现代图书馆服务的特点

随着社会的发展，科技水平日新月异，计算机和网络快速普及，现代图书馆服

务与传统图书馆服务存在很大的不同，现代图书馆服务主要有以下四个特点。

（一）服务虚拟化

随着现代信息网络技术的广泛应用，建立在虚拟馆藏资源和虚拟信息系统机制上的新型信息服务模式逐渐形成。这种虚拟化的服务彻底改变了以文献和信息资源为主线的传统图书馆服务模式，图书馆的服务始终处于一个动态和虚拟的信息环境。通过网络传输，图书馆既可以利用自有或自建的数字化馆藏资源，又可以利用电子邮件资源、网络新闻资源、FTP① 资源、WWW② 资源等多种互联网资源，这种无形的、即时的虚拟化信息服务突破了时空限制，使得图书馆为读者和用户提供无所不在的信息服务成为可能。因此，服务虚拟化包括服务资源的虚拟化（信息资源的数字化、虚拟化）和服务方式的虚拟化（由面对面的服务转变为面向虚拟读者、虚拟用户、虚拟环境的服务），其实质是图书馆由向具体人群提供实体文献服务转变为向非具体化的读者和用户（甚至匿名用户）提供虚拟数字信息服务。

（二）文献多样化

随着数字资源的急剧增长，图书馆为读者和用户服务的文献资源已呈现出印刷型文献与联机数据库、电子出版物、网络化信息资源并重的格局。文献载体多样化的发展打破了纸质文献一统天下的格局，也改变着读者和用户利用文献的习惯与观念。读者和用户对文献载体的需求已不再局限于印刷型文献，单一的纸质文献及其传递方式已不能满足读者和用户多元化的文献需求，读者和用户的文献需求越来越多地转向各种类型的数字资源。同时，以现代视频技术为手段而大量涌现的数字视频信息资源，也为人们获取丰富的多媒体信息创造了条件。因此，文献多样化使得图书馆在文献保存、信息交流和教育的基础上极大地拓展了服务空间，文献服务保障能力得到极大提升。

---

① FTP 文件传输协议（File Transfer Protocol）是用于在网络上进行文件传输的一套标准协议。FTP 允许用户以文件操作的方式（如文件的增、删、改、查、传递等）与另一主机相互通信。

② 万维网 WWW 是 World Wide Web 的简称，也称为 Web、3W 等。WWW 是基于客户机/服务器方式的信息发现技术和超文本技术的综合。

（三）信息资源共享

由于网络及各种信息技术的广泛应用，图书馆信息服务的观念发生了巨大变化，人们逐渐从习惯于依靠自己所熟悉的一个图书馆获取信息服务，走向依靠图书馆联盟乃至基于共享技术整合在一起的泛在①云图书馆获取信息资源。现代图书馆不再是一个个孤立存在的信息实体，而是整个社会信息网络的一个个节点。图书馆之间的信息共享服务有了越来越大的空间和自由，其交互需求与作用也越来越大。共享思想与共享技术使信息资源共享服务从来没有像现在这样成为现代图书馆服务不可或缺的有机组成部分，从而使真正意义上的信息资源共享成为现代图书馆服务的重要特点。

（四）服务个性化

随着经济社会发展对信息需求深度和广度的日益提高，读者和用户对信息的个性化服务需求越来越突出。图书馆通过专业图书馆馆员队伍素质的提升、现代信息技术的广泛应用以及信息综合保障能力的快速提升，为读者和用户提供定制化、自助型、全天候的个性化服务已成为现代图书馆读者和用户服务工作发展的主要方向。在这样的服务过程中，读者和用户的自主性得到张扬，个性得到满足。这种个性化的服务正逐渐成为图书馆界追求的服务新理念。

三、我国现代图书馆服务的内容

在图书馆的各项工作中，围绕图书馆服务形成了一个内容丰富的完整工作体系。其中，研究与组织读者和用户是开展一切图书馆服务的前提条件和基础；科学组织各项服务，构建层次分明、体系完整、灵活多样、富有生机的读者和用户服务体系，是实现图书馆服务目标、体现图书馆社会价值的根本保障；组织宣传辅导活动，开展卓有成效的读者和用户教育，是提高读者和用户素质、增强其信息处理能力，从而提高图书馆服务成效，充分发挥图书馆效能的有效途径；加强图书馆服务管

---

① “泛在”一词来自拉丁语系，意思为无所不在。泛在云图书馆是全新的图书馆理念，基本含义就是无所不在的图书馆，即读者和用户无论在任何时间、任何地点都可以获得图书馆的服务。

理,是顺利开展图书馆服务,有效实现上述任务的制度和组织保障。

(一)研究读者和用户

研究读者和用户是图书馆服务的重要内容,它包括研究读者和用户的文献和信息需求及阅读规律两个主要方面。读者和用户是图书馆得以存在的根本。读者和用户对图书馆的文献和信息需求及阅读规律,最直接、最具体地体现了社会的需要,它是图书馆赖以生存的土壤,也是图书馆一切工作的出发点和归宿点。

开展读者和用户研究有助于从总体上把握其需求的特点和规律,提高图书馆服务的针对性,并对读者和用户的动机加以正确引导,不断改善和拓展图书馆服务的方式和服务领域,提高图书馆服务的质量与水平。

1. 研究读者和用户的文献和信息需求

研究读者和用户的文献和信息需求,就是对不同层次的读者和用户在阅读需要、阅读目的、阅读过程中的特点及规律进行研究。一般来说,不同层次的读者和用户对文献和信息的需求不同,读者和用户在不同时期所需要的文献和信息也不同,其阅读目的也有差异。此外,现代图书馆还需要特别关注读者和用户对不同类型文献和信息的需求差异、从不同渠道获取文献和信息的差异,以及不同环境下的文献和信息需求差异。

2. 研究读者和用户的阅读规律

研究读者和用户的阅读规律可以从两方面着手:一方面,对读者和用户心理及其行为规律进行研究,即对读者和用户在鉴别、提取、利用文献和信息过程中的行为习惯和阅读规律进行研究。它既包括对读者和用户阅读动机、阅读兴趣、阅读能力、阅读习惯等心理活动的研究,也包括对读者和用户选择文献和信息行为的分析、对读者和用户使用各种类型文献和信息特点的研究、对读者和用户阅读效果的评估等。另一方面,要对读者和用户使用文献和信息的水平及获取文献和信息的意识进行研究,包括社会环境的变化与读者和用户对文献和信息需求结构的关系等。

（二）组织读者和用户

组织读者和用户是图书馆为实现服务和管理目标而实施的管理措施。它的主要任务是读者和用户队伍的组织与发展，包括确定为读者和用户服务的范围与服务重点、制订读者和用户发展规划与计划、定期发展与登记读者和用户、划分读者和用户类型、掌握读者和用户动态、组织与调整读者和用户队伍等。

组织读者和用户工作应根据图书馆的任务变化和环境变化，不断研究并掌握读者和用户的变化。只有把握住读者和用户的阅读规律，掌握读者和用户的阅读需求，才能使图书馆服务不断与读者和用户的需求相适应，使图书馆服务管理方式的变革与读者和用户的需求变化同步，才能找出提高图书馆服务和管理水平的方法和途径。

发展读者和用户队伍是组织读者和用户工作的一项重要内容。拥有规模化的读者和用户群体是图书馆一切工作的前提，只有拥有了广泛而确定的大量读者和用户，图书馆的资源建设、服务管理才有了明确的目标，才能通过大量的高水平服务实现图书馆的社会价值。

不同类型图书馆发展读者和用户的重点和方式有很大差别。高校图书馆是为本校服务的信息机构。因此，高校图书馆的读者和用户成分比较单一，主体是本校的教职员工和学生，其读者和用户的确定和发展通常可通过账户注册实现。学校的教职员工和学生只要进行简单的登记，由图书馆发放标明其基本身份信息的借阅证就可以了。研究单位、机构等图书馆的读者和用户发展方式大体与高校图书馆类似。而公共图书馆是面向某个行政区域内所有公众的，因此，公共图书馆的服务对象十分广泛，读者和用户的构成也比较复杂，需要在有服务需求的个人或团体向图书馆提出注册请求的基础上，由图书馆根据办馆的方针、任务、规模和条件以及读者和用户的阅读需求特点等确定是否授予申请者享受本图书馆服务的权限，只有符合本馆读者和用户发展条件的申请者才能通过注册。

受文化层次、信息需求、年龄、职业、工作任务等各种因素的影响，不同类型的读者和用户对图书馆服务的期望和要求存在很大差别，并且，由于图书馆的资源、人员、环境和运营管理经费比较有限，所以图书馆需要在研究读者和用户的基础上，通过制定不同类别读者和用户使用图书馆的权限规则，以及读者和用户管理系统的身份认证与权限管理，将庞大的读者和用户群划分为在某些方面具有需求共性、使用行为共性的群体，从而在实现普遍服务的基础上实现针对不同需求的差别化服务。

读者和用户发展、细分、管理的成果一般都通过图书馆的读者和用户注册与身份认证管理系统固化下来。这既是了解读者和用户、研究读者和用户的重要资料，也是图书馆开展一切工作的数据基础，更是评价图书馆绩效、制订发展规划、进行服务与管理改革的重要基础。

(三)科学组织各项服务

充分利用图书馆的各种资源，在深入研究和准确掌握读者和用户需求的基础上，通过组织开展多层次、多角度的全方位服务，最大限度地满足读者和用户的文献和信息需求，是现代图书馆服务的中心环节，也是图书馆实现社会价值和最终服务目标的重要手段和方式。

图书馆服务是图书馆各项工作的外在表现形式，也是图书馆中最具活力、最富创造性的工作。组织各项服务的主要内容包括优化读者和用户服务方式、扩大读者和用户服务范围、增加读者和用户服务内容和提高读者和用户服务水平等几个方面。一个图书馆以何种方式服务于读者和用户，主要取决于本馆的性质、规模及读者和用户的需求，而且还要随着图书馆的发展及读者和用户需求的变化而不断变化。

图书馆的传统服务方式是根据读者和用户的实际需求，利用馆藏资源、馆舍设备以及环境条件有区分地开展各项服务活动，包括文献查询、外借服务、阅览服务、复制服务、咨询服务、检索服务、定题服务、编译服务、报道服务、展览服务、情报服务等。由于读者和用户的需求具有广泛性、多样性和复杂性，几乎所有图书馆都根据自身特点，以这些服务方式为基础，组织建立起多类型、多级别的综合服务体系，以有效地满足各类读者和用户对文献和信息的不同层次需求，帮助读者和用户解决在学习、研究、工作中选择书刊、查询资料以及获取知识信息方面的各种具体问题。

随着网络的普及和计算机技术在图书馆中的广泛应用,现代图书馆的服务方式由传统的服务转向了现代化数字图书馆服务。因此,充分利用网络为读者和用户提供服务已经成为现代图书馆的主要服务方向。这方面的服务包括资源检索、全文浏览、文献下载、自助借阅、虚拟参考咨询、网上调查、资源导航、特色数据库、移动阅读、用户文档上传与共享、个人学习空间、读者和用户意见征集与实时交流等。

总之,组织图书馆各项服务应根据本馆的具体情况和社会发展水平决定,总的要求是用最少的投入在最短的时间内向最多的读者和用户提供最好的服务。

(四)组织宣传辅导活动

组织宣传辅导活动是图书馆教育职能的体现。它包括读者和用户宣传、读者和用户辅导以及读者和用户培训三个方面的内容。

1. 读者和用户宣传

读者和用户宣传是图书馆对读者和用户进行科学管理的基本手段之一。宣传的目的是在了解及研究读者和用户阅读需要的基础上,主动向其揭示、推荐信息资源的形式与内容,宣传先进思想、科学知识、职业技术以及广泛的文化信息,通过多种形式,向读者和用户展现他们最关心和最需要的信息,吸引他们利用图书馆的各种资源和服务,使图书馆的资源得到最大限度的利用。

2. 读者和用户辅导

读者和用户辅导是指针对不同读者和用户的具体情况,有区别地为其答疑解惑、排忧解难。读者和用户辅导需要图书馆馆员充分掌握信息资源的特点,熟悉图书馆各项服务流程,了解读者和用户行为习惯和信息需求心理,在读者和用户利用图书馆各项服务的过程中,积极影响其选择阅读的范围,引导他们正确地选择信息资源内容,帮助他们学会利用信息资源和图书馆其他资源,有针对性地为每位读者和用户提供帮助和信息技能指导,以促进读者和用户更好地获取知识,提高阅读能力及阅读效果。

3. 读者和用户培训

读者和用户培训是指根据不同的读者和用户群体的共性需求,通过开展讲座、参观、课堂教学等多种方式，帮助某一读者和用户群体提高其使用图书馆资源的技能，提高图书馆资源的利用率。培训读者和用户主要从两个方面入手：一是培养其情报意识，激发他们利用图书馆资源的欲望，使他们自觉地认识到图书馆是自己的良师益友，是终身学习的场所。二是提高其利用图书馆资源和检索情报的技能，帮助他们学会利用图书馆资源，充分发挥图书馆的教育职能和情报职能，吸引更多的读者和用户开发和利用图书馆资源。

(五)加强图书馆服务管理

加强图书馆服务管理是指对图书馆读者和用户服务工作部门的业务工作进行科学的组织管理。具体包括制订读者和用户发展的政策和计划、服务机构设置、岗位设置、人员配置、明确岗位责任、建立健全各种规章制度、人员分工与业务流程设计优化、合理组织藏书、改进服务手段、采用先进的设备与技术手段、完善服务体制等工作。加强图书馆服务管理有利于为读者和用户创造良好的查阅环境和条件，方便读者和用户有效利用图书馆资源，保证图书馆服务健康顺利地向前发展。

第二节　我国现代图书馆服务的原则

一、开放原则

从19世纪公共图书馆普遍发展开始，图书馆对公众就实现了开放式服务。不过，早期的图书馆开放式服务与当前的开放服务还是有一些区别的，那就是开放的内容和方式还有较多限制。现代意义上的图书馆开放服务，在早期开放式服务的基础上有所扩大。

首先，资源开放的全面性。所谓资源开放的全面性，就是指开放图书馆所有的馆藏文献资源储备以及馆内所有能为读者和用户提供服务的设备，使全体图书馆馆员直接或间接为读者和用户服务。

其次，时间上的全天候开放。最大限度为读者和用户提供使用图书馆的便利条件，是图书馆服务的宗旨之一。一些发达国家公共图书馆不仅保证天天开馆，而且开馆时间也比较长,很多开放至午夜。虽然目前我国很多图书馆做不到这么长时间的开放,但通过互联网服务,也基本实现了 24 小时的文献检索和查询服务,这也在一定程度上延长了图书馆服务的时间。

最后,图书馆馆务信息公开。图书馆馆务信息公开指的就是图书馆要公开与读者和用户服务相关的信息。信息内容包括图书馆工作的内容、职能、机构设置;图书馆业务范围内的工作流程、具体的职责范围;公众参与图书馆管理的制度;涉及读者和用户的管理规定;受理投诉的部门和举报电话;对外服务的电话、电子邮箱等联系方式;图书馆工作的评价标准等。

二、全面原则

全面原则在图书馆服务中的运用包括两个方面:一方面,根据读者和用户需求得到的服务。当读者和用户开始运用图书馆功能时,会得到全方位的服务。例如,读者和用户走进图书馆就会看到的各种指示标牌,图书馆馆员热心解答读者和用户提出的问题,根据读者和用户的需求提供各种服务,读者和用户能够获得的各种培训等。另一方面,对于读者和用户的潜在需求,图书馆要在充分调研和分析的基础上,有针对性地引导读者和用户的需求,图书馆还可以通过宣传,帮助读者和用户了解图书馆开展的新业务,从而开发他们的潜在需求。

三、方便原则

方便原则也可称为“便利原则”,主要指图书馆开展服务时要以为读者和用户提供方便为目标,节省读者和用户的时间及精力,但又不能影响他们接受服务的质量和效果。主要包括:

(1)图书馆选址要尽量选在交通便利的地方。图书馆选址要在交通上方便读者和用户。目前,城市化改造正在我国许多地区进行,在图书馆建造过程中,政府要予以充分的关注,尽量给予政策引导,保证图书馆在空间位置上的使用便利。

(2)馆藏资源要方便读者和用户使用。这也涵盖两方面的内容,一方面,图书馆要提供方便、快捷的检索方式,使读者和用户能顺利地检索到自己需要的文献信息资源。另一方面,馆藏资源的摆放要方便读者和用户使用,尽量减少读者和用户获得所需文献的时间和精力。此外,图书馆要尽量为读者和用户提供使用简便、操作容易的各种设备,使读者和用户不需要过多的学习和实践就能掌握其使用方法。

(3)简化读者和用户获得服务的手续。图书馆是非营利性的公益性服务组织机构,应尽量为广大民众提供信息服务。因此,图书馆要以欢迎的态度来迎接读者和用户,而不应该对读者和用户设置各种障碍。一些有固定受众群体的图书馆,如高校图书馆,在可能的范围内也应为社会提供更多的服务,这样才能充分发挥图书馆的功能,也有利于把国家为图书馆投入的大量经费发挥到最大使用限度。

四、满意原则

读者和用户对图书馆服务的满意是现代图书馆追求的最高目标。读者和用户对图书馆服务的满意评价是基于图书馆服务质量做出的,文献和信息资源的储备情况,图书馆馆员对读者和用户的态度,图书馆馆员具有的解决读者和用户问题的能力,图书馆为读者和用户提供的必备设施和便利设施的完备程度,以及图书馆对读者和用户需求的反应速度、满足程度等,都影响读者和用户对图书馆服务的满意程度。因此图书馆必须加强各项工作,切实地将各项工作内容落到实处。例如,对文献信息资源储备的采购要通过多种手段征求读者和用户的意见;对图书馆馆员的服务态度要进行专业的培训;为了提高图书馆馆员的专业服务能力要不断对其进行再教育;要对图书馆馆内的设备进行维护,了解新增设备的功能,及时向读者和用户讲授设备的使用方法。

五、科学服务原则

科学服务原则就是指充分尊重读者和用户的意愿,遵循图书馆工作自身的规律,以科学的思想理念、科学的服务态度、科学的方法和科学的管理措施组织管理一切读者和用户服务工作。它主要包括以下几个方面的内容。

(一)科学的思想理念

科学的思想理念,就是指在图书馆服务工作中,始终坚持开放服务的思想和以人为本的信念,并以之为指导,以方便读者和用户、服务读者和用户为宗旨,以开放的读者观、用户观、时空观、功能观为指南,以更加人性化、个性化、专业化、多层化、智能化和虚拟化的服务来满足读者和用户多样化的信息需求,构建现代图书馆知识化、开放化服务的思想体系。

科学的思想理念还要有整体的、全局的观念。图书馆的读者和用户服务工作与其他工作之间既紧密联系又存在各自领域的分工。图书馆与读者和用户之间,图书馆与图书馆之间,图书馆各部门之间,以及读者和用户群体之间,始终存在着纵横交错的联系,可能发生着种种矛盾,如供与求的矛盾、借与还的矛盾、借与阅的矛盾、管与用的矛盾以及分工与协作的矛盾等。在服务工作中,处理这些矛盾时必须站在全局的高度,以开发利用图书馆资源从而充分有效地满足读者和用户的需求为依据,运用科学的思想理念来认识矛盾并不断解决矛盾。

(二)科学的服务态度

科学的服务态度就是实事求是,一切从实际出发,讲究实效而不拘一格的态度,无论是图书馆资源布局、机构设置、制度设计还是工作流程、服务项目增减,都真正体现一切为了读者和用户,一切方便读者和用户,一切为了充分利用图书馆资源的服务精神。

科学的服务态度还要求在服务工作中将需要与可能统一起来,将重点需求与一般需求、当前需求与长远需求结合起来,将数量要求与质量要求、考核指标与实际效果统一起来,既不单凭热情、主观愿望以及个人兴趣工作,也不片面追求数量、指标与形式,要实事求是地进行科学服务。

(三)科学的方法

科学的方法是指在图书馆服务工作中形成的一整套先进、实用、有效的理论与方法,并在服务工作中不断改进和升华。图书馆要不断采用科学先进的方法来提高工作效率和服务质量。比如,通过改变以往单一的馆藏文献外借与内阅的服务模式,利用现代网络平台,提供各种数据库服务、知识库服务以及多种在线或离线信息服务,如信息推送、知识发现、网络呼叫、智能代理等服务。采用这些科学先进的服务方法,能够同时提供实体馆藏服务与虚拟馆藏服务,极大地丰富了图书馆服务的内容,强化了图书馆服务的能力。

(四)科学的管理措施

科学的管理措施就是指在先进理论的指导下,采用科学合理的管理制度、先进的技术设备和服务手段为读者和用户服务。

科学的管理措施,是顺利开展图书馆服务工作的基础。科学的管理措施总是根据服务工作的需要,在不断调整、修正和创立中发展的。比如,现代图书馆先进的技术设备的大量应用使得以往形成的工作流程、业务分工、规范和规章制度难以适应这种变化的要求,因此,科学的管理措施要求现代图书馆全面审视以往传统的理论和方法,通过流程再造和制度创新,真正提高服务工作效率和服务工作效果。

第三节　我国现代图书馆服务管理体系与实践研究

一、现代图书馆外借和阅览服务管理

(一)图书馆外借服务管理

1. 图书馆外借服务的概念

图书馆外借服务是图书馆服务中最传统和最基础的服务。这是图书馆提供的允许读者和用户将图书馆馆内藏书和其他类型的文献带出图书馆使用的服务。要享受到这种服务,读者和用户一般要符合一定的条件。第一,必须在该图书馆注册,成为享有该图书馆外借服务资格的读者和用户。第二,读者和用户必须向图书馆提供一定的担保,这种担保有时是一定数量的金钱,有时是所具有的某种特定的身份。第三,必须履行一定的借阅手续,遵守一定的外借规定。第四,借阅时间有限。

2. 图书馆外借文献的管理方式和服务类型

目前,图书馆对外借文献的管理方式一般有三种:

第一种是开架式管理方式。这种方式是现在最流行的一种管理方式,读者和用户可以与文献近距离接触,仔细挑选自己所需的文献。

第二种是半开架式管理方式。读者和用户可以看到这些文献,但不能直接接触到这些文献,只有办理一定的手续后才能使用这些文献。

第三种是闭架式管理方式。读者和用户只能通过检索的方式得到文献的相关内容,办理一定的手续后才能接触到这些文献。

这几种外借文献的管理方式目前在各图书馆都有采用,根据文献的内容、形式、年代等因素由图书馆灵活掌握,在保证读者和用户正常使用的情况下,年代较新、复本较多的图书一般采用开架式和半开架式管理,而对一些特种图书则可以通过闭架式管理进行保护。

对于允许外借的文献,图书馆的外借服务类型比较丰富,主要有以下五种类型。

第一种个人外借。个人外借是指读者和用户以个人身份独立进行,读者和用户凭借本人的图书馆借阅证到图书馆服务台办理相关借阅手续。

第二种集体或单位组织外借。这是专为相关企业、行政单位或具有团体性质的服务对象设立的一种文献外借服务类型。图书馆可以给予一定的优惠政策,如在外借数量、外借时间上给予适当增加或延长。

第三种馆际互借。这是根据图书馆之间签订的某种合作协议,给予对方服务对象与自己服务对象相同的外借服务,以满足读者和用户更多的文献需求。

第四种图书预借。这是对已经外借的文献,读者和用户可以通过预约,保证自己能及时获得该文献的使用权的一种外借服务类型。

第五种流动外借。这是一种通过流通站、流动车、送书上门等形式实现读者和用户外借文献需求的外借服务类型,目前这已经是公共图书馆系统中一种常用的服务类型。

(二)图书馆阅览服务管理

图书馆阅览服务,又称内阅服务,是指图书馆利用自身的文献资源和空间设施提供给读者和用户在图书馆内阅读的服务活动。阅览服务也是图书馆服务的重要组成部分。当前，图书馆阅览服务与外借服务已经基本融合为一体，外借很多时候是在阅览的基础上进行的，很多图书馆的外借室又是阅览室，目前最流行的图书馆文献服务方式就是藏、借、阅一体化的服务方式，我们也可以称这种服务方式为一站式服务。在这种服务方式中，图书馆彻底采用了“以人为本”的服务理念，读者和用户在阅览过程中不需要通过任何手续就可以自主实现文献的选择，充分享受自由阅读带来的便利。为了能给读者和用户提供更优质的阅览服务，图书馆应在阅览服务中做好以下工作：

1. 提供舒适的阅览环境

阅览室是读者和用户最常使用的地方，所以多数图书馆的阅览室人群密度都比较高，环境也显得拥挤。在这种情况下，图书馆更应该着力改善阅览室的环境。

(1)阅览室的桌椅要精心挑选，尽量选择那些符合人体曲线的设计。

(2)保证阅览环境的光线明亮，配备充足的照明设施。

(3)加强阅览环境的室内绿化，使读者和用户在阅览之余能放松休息。

(4)保证空气清新、环境整洁。阅览室过高的人群密度会导致空气污浊，因此，在保证阅览环境舒适的基础上应加强空气流通。

2. 保证阅览时间

阅览服务是图书馆的基础服务，因此，阅览室开放时间的长短是衡量图书馆服务品质的一项重要指标。我们知道，除非工作需要，很多时候读者和用户只有在其空余时间才能够走进图书馆。如果图书馆也同其他社会组织一样实行正常上下班和公休制度，那么有些人可能很难享受到图书馆提供的服务。因此，目前很多图书馆都在节假日开放，个别公共图书馆还实行 24 小时开馆制度，全年无公休日的服务时间。所以，保证阅览时间，是图书馆服务中一件实在的惠民举措。

3. 保证文献资源的数量和质量

鉴于阅览室是广大读者和用户最常使用的地方，图书馆对阅览室的文献资源安排应从数量和质量上予以保证。所谓数量，是指文献资源的种类要齐全，要有一定的复本量，以保证读者和用户的使用。所谓质量，是指文献资源要丰富，文献的时效性要强。此外,由于阅览室的文献利用率高,破损也严重,所以要注意随时修补,并及时淘汰那些无法修补的文献。

4. 平等阅览服务的方式

在传统图书馆阅览服务中,图书馆经常为一些特殊人群开设专门的阅览区,致使图书馆阅览室一边是人满为患,另一边是座位空置。这就造成了图书馆阅览服务的不平等性,既然图书馆是一个公益性服务组织机构,那么走进图书馆的每个读者和用户都应享受到平等的服务。除非是确有特殊需求的残障人士等,对于普通人来讲,每个人都拥有平等阅览的权利。

二、现代图书馆参考咨询服务管理

参考咨询服务是图书馆工作人员对读者和用户在利用文献和寻求知识、情报方面提供帮助的工作,它以协助检索、解答咨询和专题文献报道等方式向读者和用户提供事实、数据和文献线索,其实质是以文献为根据,通过个别解答的方式,有针对性地向读者和用户提供具体的文献、文献知识和文献途径。目前,许多图书馆设有专门的参考咨询服务部门,集中参考工具书和检索工具书等,建立参考馆藏,并配备具有一定专业知识和熟悉检索工具的图书馆馆员专职开展此项工作。

(一)参考咨询服务的特点和作用

1. 参考咨询服务的特点

参考咨询服务在图书馆各项服务中是一种深层次的服务。首先,参考咨询服务的内容具有专业性,它是以图书、情报、信息为基础的具有专业性的服务。其次,参考咨询服务涉及的内容具有多样性。读者和用户可能向从事参考咨询服务的图书馆馆员(以下简称咨询人员)提出各种各样的问题,这些问题涉及范围广、种类多、层次深。再次,参考咨询服务是一项实用性很强的工作,用以解决读者和用户在文献获取中遇到的实际困难。最后,参考咨询服务是一项智力性工作,它和外借、阅览服务不同,在参考咨询服务过程中,需要咨询人员以自己的个人能力和专业能力来保证该项服务的进行。

2. 参考咨询服务的作用

参考咨询服务在图书馆各项服务中起到了积极的作用，首先，参考咨询服务具有发挥图书馆情报功能的作用。图书馆情报功能指的是将无序的文献和信息整理成有序的、有价值的、有针对性的文献和信息，然后将其提供给有需求的读者和用户。参考咨询服务能很好地发挥这项功能。其次，参考咨询服务能开发图书馆馆内的文献和信息。图书馆馆员在开展参考咨询服务的同时，能对馆内现有的文献和信息进行开发，使之成为更加有用的或更方便使用的文献和信息形式。最后，参考咨询服务可以提高文献和信息的利用率。读者和用户通过参考咨询服务可以更好地了解图书馆的文献和信息，从而更频繁、更高效地利用这些资源，这就提高了它们的使用效率。

（二）参考咨询服务的内容

参考咨询服务所包括的内容可大可小，涉及的内容方方面面，是一项既简单又复杂的工作，其主要内容包括：

（1）图书馆的服务指引工作。参考咨询服务最基本的内容就是回答读者和用户的提问。这些问题中很多是关于图书馆基本情况的问题，如图书馆的位置、一些部门的联系方式、某些业务的归属部门、图书馆的整体布局等。所以，参考咨询服务承担着图书馆的服务指引工作，其工作内容琐碎。

（2）图书、期刊等馆藏资源的定位和咨询。读者和用户在利用图书馆文献和信息的过程中，经常会发生找不到图书、期刊这些馆藏资源的情况。有些是由读者和用户对图书馆馆藏设置不熟悉造成的，有些则是其他原因造成的，咨询人员应根据具体情况给予帮助和解答。

（3）向读者和用户做简单的检索方法介绍和检索工具的使用指导。对于不了解图书馆文献和信息分类情况的读者和用户，咨询人员在做咨询解答时要对读者和用户进行必要的图书分类介绍。对操作相对容易的检索工作，也应向其演示使用方法，以培养读者和用户自我服务的能力。

（4）专题性参考咨询服务。对于较专业化的课题或研究项目，需要图书馆提供专题性参考咨询服务的,图书馆应根据实际情况组织相应的人员来完成。

(5)读者和用户咨询工作的反馈总结。对于咨询工作中经常遇到或常见的问题,咨询人员应有计划、有目的地进行总结,建立反馈信息表,为以后的咨询工作奠定基础。

(三)参考咨询服务的方式

(1)设立咨询服务台。在图书馆显著位置设立咨询服务台,由专人负责。

(2)建立 FAQ(Frequently Asked Questions)检索系统标识版面。在图书馆馆内相应位置设立常见问题回答版面,根据反馈信息及时公布回答结果。

(3)电话咨询。向社会公布图书馆参考咨询服务电话,在图书馆开馆时间内保证线路畅通。

(4)网络咨询。利用互联网、QQ 群、微信公众号等方式建立相应的网络咨询体系。

三、现代图书馆文献检索服务管理

文献检索(Information Retrieval)有广义和狭义之分,广义的文献检索是指将信息按一定的方式组织和存储起来,并根据读者和用户的需要找出有关信息的过程。狭义的文献检索则仅指该过程的后半部分,即从信息集合中找出所需要信息的过程,相当于人们通常所说的信息查寻(Information Search)。图书馆基础服务中的文献检索服务,指的就是狭义的文献检索。图书馆开设这种服务的目的是帮助读者和用户节约时间和体力,使他们能方便快捷地获得所要查找的相关信息。同时,还可以为读者和用户提供最新的知识背景,使读者和用户花费最少的时间了解最多的信息资讯,并可以跨越语言和专业的限制,对其他国家和领域的文献做深入了解。

(一)文献检索需要运用的语言

文献检索语言是为加工、存储、检索文献而编制的,是一种具有统一标准、用于信息交流的人工语言,也是用来描述信息源特征和进行检索的人工语言。文献检索语言在信息检索中起着极其重要的作用，它是沟通信息存储与信息检索两个过程的桥梁。在信息存储过程中，用它来描述信息的内容和外部特征，从而形成检索标识；在检索过程中，用它来描述检索提问，从而形成提问标识；当提问标识与检索标识完全匹配或部分匹配时，结果即命中文献。

文献检索语言按原理可分为四大类：

1. 分类语言

分类语言是指以数字、字母或数字与字母结合作为基本字符，采用字符直接连接并以圆点（或其他符号）作为分隔符的书写法，以基本类目作为基本词汇，以类目的从属关系来表达复杂概念的一类文献检索语言。著名的分类法有《国际十进分类法》《美国国会图书馆图书分类法》《国际专利分类表》《中国图书馆分类法》等。

2. 主题语言

主题语言是指以自然语言的字符为字符，以名词术语为基本词汇，用一组名词术语作为检索标识的一类文献检索语言。以主题语言来描述和表达信息内容的信息处理方法称为主题法。主题语言又可分为标题词、单元词、叙词、关键词。

3. 代码语言

代码语言是指对事物的某方面特征，用某种代码系统来表示和排列事物概念，从而提供检索的一类文献检索语言。

4. 自然语言

自然语言是指在文献中出现的任意词。

（二）文献检索的步骤

文献检索是一项实践性活动，它要求图书馆馆员在掌握文献检索规律的情况下，利用文献检索语言在可获得的馆藏文献和非馆藏文献中迅速、准确地查找读者和用户所需要的文献。一般来说，文献检索可分为以下步骤：

（1）明确读者和用户查找文献的目的与要求。

（2）选择适当的检索工具。

(3)确定检索途径和方法。

(4)根据文献线索查阅原始文献,然后根据要求提供文献检索结果。

(三)文献检索的途径

文献检索途径就是采用什么方式进行检索,目前采用的方式有著者途径,即通过著者、编者、译者、专利权人的姓名或机关团体名称字序进行检索;题名(包括书名、刊名等)途径;分类途径,以学科分类为基础,从学科所属范围来查找文献,主要是利用分类目录和分类索引;主题途径,通过主题目录或索引,对反映一个主题的文献进行检索;引文途径,利用文献所附参考文献或引用文献而编制的索引进行检索;序号途径,通过文献特定的序号,如专利号、报告号、合同号、标准号、国际标准书号和刊号等进行检索;代码途径,利用事物的某种代码编成的索引,如分子式索引,可以从特定代码顺序进行检索;专门项目途径,从文献所包含的名词术语、地名、人名、机构名、商品名、生物属名、年代等专门项目进行检索,可以解决某些特别的问题。

(四)文献检索常用的方法

1. 直接法

直接法又称常用法,是指直接利用检索系统(工具)检索文献的方法。它又分为顺查法、倒查法和抽查法。

2. 追溯法

追溯法是指不利用一般的检索系统,而是利用文献后面所列的参考文献逐一追查原文(被引用文献),然后再从这些原文后所列的参考文献目录逐一扩大文献范围,一环扣一环地追查下去的方法。它可以像滚雪球一样,依据文献间的引用关系,获得更好的检索结果。

3. 循环法

循环法又称分段法或综合法。它是交替使用直接法和追溯法,以期取长补短、相互配合的一种检索方法。

在检索过程中,各种检索方法要结合使用,以期取得更好的检索效果。

四、现代图书馆文献传递服务管理

(一)文献传递服务的含义和作用

1. 文献传递服务的含义

文献传递服务是早期图书情报机构作为馆际互借的一种手段出现在图书馆服务中的,是一种重要的资源共享方式。简单地讲,文献传递服务就是把特定文献从文献源传递给特定用户的一种服务。现代意义的文献传递服务是以信息技术的发展为基础发展起来的,具有简便、快速、高效的特点,这种服务方式对图书馆服务具有十分重要的积极作用。

2. 文献传递服务的作用

(1)补充了图书馆的馆藏,解决了馆藏资源不足的问题。由于各种客观条件的限制,图书馆不可能拥有读者和用户需求的所有文献和信息。而图书馆服务的最终目的却是满足读者和用户的文献和信息需求,文献传递服务就是解决这二者之间矛盾的最好方法。通过这种简便、易行的服务方式,读者和用户很快就能得到自己所需的文献和信息。

(2)增加了图书馆的收入,缓解了图书馆运营管理经费的不足。运营管理经费不足一直是制约图书馆发展的瓶颈,虽然国家对图书馆事业投入了大量的运营管理经费,但分配到每个图书馆的运营管理经费却是有限的,所以图书馆如何从服务中获得经济利益,也是图书馆发展中要关注的问题。文献传递服务在图书馆服务中一般是收费项目。因此,利用好文献传递服务的经济性就极为重要。

(二)现代图书馆文献传递服务管理中存在的问题

1. 来自图书馆传统管理观念的影响

图书馆文献传递服务虽然在图书馆服务中存在时间较长,但其实质作用一直未获得改变,这主要受图书馆传统管理观念的影响。目前,许多图书馆的运营管理经费主要还是用于购买纸版书刊,用于文献传递服务的运营管理经费投入较少。在一些图书馆的评估指标中,馆藏实物书刊量也是主要评估指标。这种观念必然要影响文献传递服务的建设发展。

2. 读者和用户的态度对文献传递服务的影响

近些年,在我国图书馆文献传递服务中出现了读者和用户服务需求下降的趋势。文献传递数量逐年降低,这使得本来发展前景就比较艰难的文献传递服务面临着来自服务对象的压力。

3. 来自网络信息服务的影响

进入 21 世纪,电脑、网络的迅速发展和普及,使图书馆文献传递服务面临着有史以来最大的挑战。随着各种情报机构和信息服务机构服务的网络化,人们获得文献和信息的渠道大幅度拓宽,诸如期刊网这种学术数据库的开通,更是冲击了图书馆文献传递服务的开展。

4. 来自知识产权保护的影响

知识产权是作者一项重要的权利,随着人们法律意识的增强,越来越多的人开始注重自己的知识产权保护,而这又为文献传递服务提出了新的挑战。如何既能满足读者和用户的文献和信息需求,又不损及权利人的法律权益,已经成为图书馆界研究的一项重要课题。

(三)现代图书馆文献传递服务管理中存在问题的解决方法

1. 转变传统观念,建立新文献传递服务思想

国外先进文献传递服务对我国图书馆的启示就是要冲破观念上的束缚,提高对文献传递服务重要性和必要性的认识。图书馆在合理利用现有运营管理经费扩充馆藏资源的同时,应重新设计其馆藏资源形式,利用文献传递服务来弥补资源的不足。目前,发达国家基本上都存在地区性和全国性的图书馆馆际互借与文献传递服务系统。而图书馆评估体系,也应根据文献传递服务的全面铺开改变以往的评估指标,对图书馆的评估由"拥有多少藏书"向"提供多少服务"转移,有利于更好地促进文献传递服务的发展。

2. 加强文献传递服务的宣传工作

发展我国图书馆文献传递服务,要向文献传递服务的需求者进行全面、系统的

宣传，使读者和用户将未能获得满足的信息需求交给文献传递服务。而从事文献传递服务的图书馆馆员，要及时按照读者和用户提供的要求进行检索、传递，力求在最短时间内满足读者和用户的需求。

3. 加强与文献出版者的联系

应加强与文献出版者的联系，应切实执行国家知识产权法律、法规，保证文献创造者的利益。图书馆要逐步与文献出版者达成利益上的均衡。在适当的条件下，以各种方法充实馆藏来满足出版者的利益，把知识产权保护渗透到文献传递服务中，使知识产权保护与文献的正常使用有机结合起来。

4. 充分利用网络信息快速发展的机遇

充分利用网络信息快速发展的机遇，将文献传递服务推向一个新的高度。面对电子期刊对文献传递服务的挑战，不应该回避它带给文献传递服务的压力，而要利用这样的新技术为文献传递服务助力，以便为文献传递服务提供更方便、更快捷的操作平台，促进图书馆与部分读者和用户间的联系，促进图书馆与图书馆间的联系，达到文献共享的目的。

五、现代图书馆个性化信息服务管理

（一）个性化信息服务的内涵与特征

个性化信息服务是指图书馆根据读者和用户对信息需求的特点，在现代化信息技术和数字化信息资源的基础上，为其提供的定向化的信息服务。这种服务的实现有两种方式：一是读者和用户根据自身的兴趣、爱好和需求定制自己所需要的文献和信息服务；二是图书馆作为文献和信息的提供者，通过对读者和用户查询文献和信息的个性化行为特征进行全面分析，对文献和信息进行收集、整理和分类，主动向读者和用户提供个性化服务。

个性化信息服务是把“以人为本”的服务理念上升为实践的服务活动，利用现代化的信息服务手段，以快速、便捷、主动、高效的服务方式出现在图书馆读者和用户面前。个性化信息服务针对每个读者和用户采用的服务方式是不同的，提供文献和信息的内容也不同。这种服务与图书馆的其他服务方式相比,具有自己的特征。

1. 服务对象个性化

个性化信息服务是以读者和用户为中心的主动服务,它同以往被动式的服务方式有极大区别。它根据每个服务对象的独特需求提供有针对性的服务内容,对不同的服务对象采取不同的服务方式,其目的是满足读者和用户的个性化服务需求。

2. 服务内容的个性化

大部分传统图书馆提供的服务千篇一律,即"图书馆提供什么,读者和用户就接受什么"。个性化信息服务提供的是有特色的多种多样的服务。这种服务具有针对性,是一种"读者和用户需要什么,图书馆就提供什么"的新型服务方式,读者和用户可以根据自己的需求选择自己需要的信息服务,从而各取所需、各得其所。

3. 服务方式的个性化

个性化信息服务是一种智能化的服务。在整个图书馆个性化信息服务的过程中,从信息过滤、数据挖掘、知识推送到界面定制等服务的开展,均是以各种信息技术为支撑的。例如,Web(World Wide Web,全球广域网)数据库技术、Interface 用户界面、Agent 智能推送等,读者和用户可以根据个人爱好、习惯和特点来选择自己喜欢的服务方式。

4. 服务时间、空间个性化

在互联网技术快速发展的形势下,图书馆的信息服务在空间上已经延伸到图书馆馆外,突破了时空的限制,使读者和用户能在其希望的时间和地点得到自己想要的服务。

5. 服务方式的互动化

个性化信息服务的发展方向是不断增强图书馆与读者和用户的互动性,使其既能提供足够的弹性空间,实现读者和用户自己创建自己的信息集合的功能,还能通过图书馆与读者和用户之间相互交流的模式,使读者和用户可以将更多的时间用在评估数据、信息或知识的价值上。

(二)现代图书馆个性化信息服务发展的必要性

1. 现代图书馆个性化信息服务是迎合读者和用户需要的一种服务

随着网络技术的发展,读者和用户获得文献和信息的主要障碍已从距离上的障碍转变为选择上的障碍。而针对这种转变,图书馆必须转移文献和信息服务重心,即从以我为中心的被动服务向以读者和用户为中心的主动服务转变,这样才能跟上信息时代的发展,为图书馆自身的发展创造条件。

2. 现代图书馆服务水平和服务质量的提高需要向个性化的方向转变

信息时代的到来,是展现个性、倡导创造力的一个崭新契机,使人们有可能在高水平的生产力基础上重新恢复符合个性、实现个性的发展。图书馆服务只有向个性化的方向转变,才能真正满足读者和用户的需要,尤其是信息时代人的全面发展的需要。因此,只有个性化信息服务才有可能使文献和信息服务得到迅速有效的发展,从根本上改变图书馆文献和信息服务的被动局面。

3. 个性化信息服务是转型时期图书馆自身发展的需要

网络环境下,一方面,图书馆同行之间的竞争日趋激烈;另一方面,图书馆不再是提供文献和信息服务的唯一机构,一些联机检索机构、出版社等都向网络读者和用户提供电子文献和信息服务,这也对转型时期图书馆的文献和信息服务发起了严峻挑战。面对挑战,转型时期的图书馆必须开拓服务领域,开创独具本馆特色的服务项目,创立属于本馆特色的服务品牌,以吸引读者和用户的注意力。

4. 读者和用户文献和信息需求的复杂性和差异性增加

读者和用户的年龄、性别、知识结构、文化背景、爱好、兴趣差异,决定了读者和用户文献和信息需求的个性化。在研究领域,研究人员面对的是全新的学术范畴,在研究之前,必须进行文献和信息的调查,以了解该课题在专业领域的发展状况,并收集相关的研究内容。在研究过程中,也要随时查询与课题相关的学术动态,这种求异性也决定了读者和用户对文献和信息的个性化需求。在当今的信息环境中,信息处理的传统方式难以适应这种要求,而个性化信息服务的开展,不仅弥补了这种缺憾,而且极大地提高了为读者和用户服务的质量。

(三)现代图书馆个性化信息服务的服务方式

1."My Library"个人图书馆服务方式

My Library是一个以读者和用户为中心、读者和用户可操作的、个性化收集数字资源的一个门户,读者和用户从图书馆网站所提供的全部数字资源里选择自己需要的文献和信息,然后存储在My Library中,之后再次访问My Library时,读者和用户将获取与此相关的具体内容。此系统的目的是通过允许读者和用户选择定制自己所需的文献和信息并自己进行文献和信息的组织,减少文献和信息的重复查阅和筛选。

My Library是一个图书馆提供的由读者和用户需求驱动的、可对特定图书馆的文献和信息进行个性化定制的个性化服务系统,也是图书馆提供给读者和用户检索、利用本馆文献和信息的一个门户,应用此系统的目的是为读者和用户创建基于特定馆藏资源的个性化资源与服务集合,减少信息过载。My Library系统主要有如下功能:

(1)门户功能。主要负责读者和用户身份的认证、个人定制信息的收集、读者和用户行为的记录和分析、读者和用户喜好的页面样式风格设定等。

(2)链接功能。包含读者和用户收录与选取的各种本馆数字资源及服务链接、互联网资源及其访问入口等。

(3)更新功能。系统定期对读者和用户自行设定的某些关键词或链接进行检测,一旦检测到新的内容,就会向读者和用户发出最新信息提示,帮助他们及时掌握相关领域或学科的最新动态。

(4)存储功能。系统分配给每个注册者一定的网络物理存储空间,供其保存和管理个人数据或在文献和信息查找过程中收集到的互联网资源。

(5)信使功能。向读者和用户发送信息,方便其和图书馆馆员之间书信往来。

2.信息推送服务——基于RSS(Really Simple Syndication)功能的新信息传播媒体的服务方式

该方式在实现个性化主动式信息服务的过程中,运用Internet推送技术,充分体现了"信息找人"的主动性信息服务理念。由系统软件或人工根据读者和用户的预留信息,定期对资源进行有目的的搜索,并对结果进行组织、加工和分类,处理好的结果经由电子邮件、预留页面通告、频道热点推送等途径传递给读者和用户。其中,功能性比较好的是基于 RSS 功能的服务。RSS 是一种基于 XML(Extensible Markup Language,可扩展标记语言)的网站内容交换和聚合标准。它具有强大的信息发布、推送和聚合功能,以及更好的时效性、可操作性、互动性和个性化等特点,成为新一代互联网的必然发展趋势。图书馆基于 RSS 功能提供的个性化信息服务主要有以下几种。

(1)最新信息发布:主要包括图书馆新闻动态、新书信息、数据库信息、讲座、培训通知等。

(2)网络资源推荐:主要是对学术网站、学术研究型博客、学术性网摘、学科最新发展动态等资源的整合和推送。

(3)图书馆数据库订阅服务:方便读者和用户浏览、查阅 RSS 期刊目次。

(4)参考咨询服务:为读者和用户提供一个与图书馆交流的平台,及时解决他们遇到的问题。

(5)个性化 RSS 服务项目:书目预约、书目借还提醒等。

3. 呼叫中心——手机图书馆服务方式

主要针对读者和用户的参考咨询等需求,以计算机、传真、电话等为设备基础,以 CTI(Computer Telecommunication Integration,计算机电信集成)为技术基础,构建能提供一对一的融合通信网络和计算机网络功能的交互式增值服务多媒体平台。

这其中以手机图书馆为代表,手机图书馆是一种新兴的集阅读、娱乐、互动为一体的多媒体信息传播方式,具有手机增值服务和图书馆服务的双重属性。它的最大优点是实时交互性强及具有文化传播功能,改变了信息推送时间滞后的问题,使读者和用户能更加简洁顺畅地定制、访问图书馆的资源和服务。当前手机图书馆的主要功能:读者和用户账户维护功能;文献和信息查询、图书续借、预约、推荐功能;馆藏电子资源实时阅读功能;图书馆消息告知功能;参考咨询互动功能。

4. 信息垂直门户服务方式

这是一种充分体现了图书馆个性化信息服务专业化特点的服务方式。面对特定专业群体的专业化文献和信息需求,在某一领域相关资源的纵深层面进行深入挖掘,构建一个立体、高效、有序的文献和信息环境,并结合专业化搜索引擎,设计有学科特点的信息垂直门户。

5. 信息代理服务方式

这一方式同样体现了个性化信息服务的主动性,不同的是它具备了自动化、智能化的特点。其核心内容是利用智能软件,对读者和用户的行为及需求进行跟踪分析,以此为依据自动完成搜索行为,辅助、指引读者和用户浏览文献和信息。信息代理整合了各种服务方式,为形成个性化信息服务的有机体提供了可能,进一步提升了服务品质,减少了读者和用户的操作时间。

6. 网络智能服务方式

这是处于网络环境下个性化信息服务的高级阶段,特征是以人工智能信息处理技术为主导进行一系列侧重于知识特性的资源组织、处理等相关活动,主要内容为特色专题知识仓库,即一个经过有目的的知识创新后附加存储了数据和知识的使用情况及传承线索的特殊的信息库。其在为人们的文献和信息搜索行为中提供辅助、指引方面的功效优于一般数据库。

(四)现代图书馆个性化信息服务中应注意的问题

1. 服务的可执行性

现代图书馆个性化信息服务是一项图书馆领域新兴的服务,这种服务对图书馆馆员的要求和技术要求都很高,图书馆应该根据本馆的实际情况有计划地开展。在开展的初期应注意项目的推广,同时要完善具体的服务细节,使读者和用户乐于参与。

2. 服务的易操作性

现代图书馆个性化信息服务要采用简便易行的操作方法,应避免过于复杂的操作,这样才能让读者和用户花较少的时间掌握个性化信息服务的内容。

3. 服务过程中注意读者和用户个人信息的保护

对现代图书馆个性化信息服务中读者和用户进行操作的内容,图书馆要做好保密工作,其查阅和订阅内容涉及个人喜好、性格取向以及业务领域等方面的信息图书馆要予以保护。

第六章 我国现代图书馆危机管理

第一节 危机管理理论

一、危机的定义和特点

(一)危机的定义

1. 工具书下的定义

《现代汉语词典》对危机的解释有两种:第一是"潜伏的危险";第二是"严重困难的关头"。由此可知,中文工具书对危机的解释强调"危",如危险、严重困难的关头等。

《牛津高阶英汉双解词典》对危机(crisis)的解释有两个:"危险或非常困难的时期""疾病、生命、历史等的决定性时刻"。显然,外文工具书的解释除强调危险、困难等情况外,还强调决定性时刻、关键性转折点、由一个阶段走向另一介阶段的临界点等。

2. 国内外学者下的定义

下面参考国内外研究危机的部分著作,列举出具有代表性的危机定义。

朱德武在《危机管理:面对突发事件的抉择》中认为:"危机是事物由于量变的积累,导致事物内在矛盾的激化,事物即将发生质变和质变已经发生但未稳定的状态,这种质变给组织或个人带来了严重的损害。"刘刚在《危机管理》一书中所下定义为:"危机是一种对组织基本目标的实现构成威胁、要求组织必须在极短的时间内做出关键性决策和进行紧急回应的突发事件。"

清华大学公共管理学院薛澜教授等所下定义为："危机通常是在决策者的核心价值观念受到严重威胁或挑战、有关信息很不充分，事态发展具有高度不确定性和需要迅捷决策等不利情境的汇聚。"

阎梁和翟昆的《社会危机事件处理的理论与实践》一书从决策和冲突两个角度对"危机"定义进行了梳理：①在决策方面举出的典型定义有："对一个社会系统的基本价值和行为准则架构产生严重威胁，并且在时间压力和不确定性极高的情况下必须对其做出关键决策的事件"（罗森塔尔）；"危机是威胁到决策集团优先目标的一种形势，在这种形势中，决策集团做出反应的时间非常有限，且形势常常向令决策集团惊奇的方向发展"（C. F. 赫尔曼）；"危机是一种严重威胁社会系统的基本结构或者基本价值规范的形势，在这种形势中，决策集团必须在很短的时间内、在极不确定的情况下做出关键性决策"（罗森塔尔）。②在冲突方面，作者认为"危机的本质就是不一致、矛盾、冲突而导致的一种紧张状态"，从广义上危机可界定为"由明显抵触的社会力量之间的冲突而导致的紧张状态"。

秦启文等在《突发事件的管理与应对》一书中对危机定义进行了更为详尽的梳理，他们将国外学者对危机的定义分为三类：①从英文中"crisis"这个词的本义出发把它界定为转折点、危急关头或关键时刻；②从静态的角度出发把危机界定为不稳定的时间或状态；③从动态的角度出发，把危机界定为事故、事件或活动。

诺曼·R. 奥古斯丁认为，每一次危机本身既包含导致失败的根源，也孕育着成功的种子。

3. 关于危机概念的应有之义

从上面的叙述我们可以发现，学者们仁者见仁，智者见智，其分析框架基本遵循"危机动力、危机影响、危机特点、危机定性"这种组合模式。他们的分析都有其合理性，但同时又无法避免其局限性，这充分说明了人们认识危机的角度不同，所处的环境不同，秉持的价值观不同，以及应对危机能力的不同。所以，我们认为，对危机不可能下一个让各方都信服的定义，但"危机"作为危机管理的逻辑起点，又必须对其做出界定。

为此本书提出：危机是指对个人、组织、系统造成严重威胁或破坏，需要危机主体立即做出反应的高度震荡状态。

这个定义强调了以下几方面内容：①危机的影响范围包括“个人、组织、系统”。它不仅表明危机无处不在，同时又能体现该定义的涵盖性。②危机带来的后果是“造成严重威胁或破坏”，表明危机造成的情势要么是威胁，要么是破坏，要么是威胁和破坏兼具，并且这种威胁和破坏必须达到相当严重的程度。这样的定义可以使“危机”与普通的“问题”相区分。③“危机主体”是指承受危机但又能对危机做出能动反应的个人、组织和系统。④“需要危机主体立即做出反应”，表明危机的紧迫性。⑤“高度震荡状态”是本书对危机的定性。危机虽然可以在危机事件中为人们所感知，但危机绝不等同于危机事件。危机体现的是一种综合复杂的状态，它包括危机事件、人们的心理反应、媒体的推波助澜、局势的分合变化等，而危机事件只是这种状态的脉络、骨骼，所以用“状态”比用“事件”更贴切、更准确。由于考虑到危机具有流变性、过程性、动荡性和极不确定性，所以本书还在“状态”前加了限定词“高度震荡”，以使这个定义富有弹性。

当然，受认识局限性和知识制约性的影响，本书给出的这个定义只具有相对意义，它仍需要接受实践的检验，并随着实践的发展而完善。

（二）危机的特点

对于危机的特点，学者们已做了充分探讨，认同度较高的有突发性（意外性）、紧迫性（紧急性）、危害性（威胁性、破坏性、不利性、负面影响）、二重性（双重性）、不确定性（未知性、不可预见性）、关注性（公众性、公开性）、隐蔽性、牵连性（连带性）、普遍性、复杂性等。综合众说，本书认为危机的特点可归纳为六个方面：

1. 高度威胁性或严重破坏性

危机会对个人、组织、系统的生存发展、声誉形象构成高度威胁或造成严重破坏，这是危机与一般问题的重要区别。

2. 突发性和紧迫性

危机一般具有突发性，要求决策者立即做出反应；又由于危机具有高度威胁性，所以会对危机主体的心理造成紧迫感，对其决策和行动构成紧迫性。

3. 不确定性

危机的潜伏形态，危机发生的时间、地点、爆发方式、发展态势、破坏程度，危机主体的反应方式及反应能力，危机的结束方式等，往往具有不确定性。

4. 牵连性

危机由爆发的初始领域波及相近或相关领域，导致本领域其他危机或其他领域相关危机的发生。危机的牵连性表现出危机的扩散、蔓延和连带特质，具体表现在三个方面：一是同质牵连，是指与危机具有相同和类似品质的人、事或者产品受到牵连；二是因果牵连，是指某一种危机导致相关危机的爆发；三是扩散牵连，是指由于危机造成的心理恐慌使得人们把危机人为扩大到那些根本不存在危机的领域。在全球化背景下，现代危机越来越体现出“蝴蝶效应”和“多米诺骨牌效应”的牵连性特点。

5. 阶段性

危机有其生命周期，表现为危机的萌芽、发展、爆发、高潮、衰退和结束。根据这一特点，人们一般将危机分为危机前、危机中、危机后三个阶段。危机的阶段性是认识危机、解决危机的基本着眼点。

6. 聚焦性

受人的好奇心、媒介特质、危机敏感性、个体和群体利益冲突等因素影响，危机往往会成为个人、媒体、政府、社会关注的焦点，具有聚焦性特点，这正是处理危机时必须注重公共关系的重要原因。

除了以上特点，危机还蕴含着建设性因素，这就需要人们通过对危机进行系统而有效的管理，从而扭转危机带来的不利局面，使得危机成为组织发展的新的机会。

二、危机管理的定义

危机是一种客观存在的社会现象，随时有可能在一定的社会区域或社会组织中爆发，并造成严重的损失或不利的影响。为了避免或减少危机给组织带来的损失或影响,人们开始探索用科学的方法和策略对危机进行控制,由此,危机管理作为管理学中的一个重要方面就应运而生了。

1915 年,莱特纳在《企业危机论》中正式提出了"危机管理"这一概念。之后,马歇尔的《企业管理》、卡特里普和森特的《有效的公共关系》、史泰芬 · 安德尔的《企业危机管理》、史蒂文 · 芬克的《危机管理:对付突发事件的计划》和罗伯特 · 希斯的《危机管理》等著作,均对危机管理的含义有所阐释。

传统的危机管理是把重点放在危机后的救济方面,包括危机减轻、恢复等;第二次世界大战以后,危机管理把重点放在了危机准备方面;20 世纪 80 年代后,人们认识到危机的生命周期,于是又开始从生命周期的角度进行危机管理研究;到 20 世纪末以后,风险管理在危机管理中的重要性日益突出。

国内学者薛澜等在《危机管理——转型期中国面临的挑战》一书中认为,"从最广泛的意义上说,危机管理包含对危机事前、事中、事后所有方面的管理"。朱德武在《危机管理:面对突发事件的抉择》一书中认为,"危机管理是指个人或组织为了预防危机的发生,减轻危机发生所造成的损害,尽早从危机中恢复过来,或者为了某种目的以在有控制的情况下让危机发生,针对可能发生的危机和危机采取的管理行为"。危机管理,通俗地讲也就是管理危机。危机管理就是为恰当处理危机提供指导原则,以便避开或减少损失。刘刚总结了国内外典型的危机管理概念后指出,这些定义共同强调了两点:"第一,危机管理是一个时间序列,既包括危机爆发前的管理,也包括危机爆发后的管理;第二,危机管理的目的在于减少乃至消除危机可能带来的危害。"

综合各家观点,可以看到,人们对危机管理已经达成如下共识:①危机管理是一条对危机事前、事中、事后进行管理的连续链条。它不只是对已发生危机的处理,还包括对可能发生而未发生的危机的侦测,即检查危机因子,实现危机预警,客观上达到"自诊自疗"效果;此外,还包括危机事后的评估、学习、改进。②危机管理的目的是及早发现危机隐患并进行处理,积极、及时地应对已发生的危机以减少损害,以及事后总结经验教训以完善现有的危机管理制度等。

除了以上共识以外,本书认为,危机管理作为一项内涵十分丰富的管理活动,它既是一种资源管理,又是一种沟通管理,既是一种行为管理,又是一种情境管理,但是最重要的,它首先应该是一种战略管理。也就是说,危机管理首先应该是一种战略意识,然后才能够作为具体手段落实到管理活动的各个环节。因此,危机管理还有一个重要目的,即培养组织和个人的危机意识和危机管理意识。危机管理不仅需要显在经验的外化,也需要隐性意识的内化。只有危机意识在人们头脑中扎根,危机管理才能达到"无为而治"之境。基于此,我们提出的观点是:危机管理是一种对危机因子和危机事件从生发到灭失全程全面监控处理的管理理论与管理实践,它包括提升思维能力、进行理论研究、提炼危机管理方法、开展危机管理实践,以及在此基础上实现理论与实践的互动共进。

这里有必要对"危机因子"进行说明。首先,问题因子不一定是危机因子,但它有可能演化为危机因子;危机因子一定是问题因子,它常常是问题因子的恶化升级。其次,危机因子会经历诞生、生长、毁灭、遗传、变异等生命历程,它常在其他因素的刺激下呈现为危机隐患、危机征兆、危机苗头。如果人们对危机因子的演化不敏感,不采取应对措施,那么在一定条件下,危机因子就会转化为危机事件。最后,人们对危机事件进行处理后危机因子不一定完全消失,它要么毁灭,要么遗传,要么变异,这正昭示了危机管理对危机因子从生发到灭失全程全面监控处理的意义。

三、危机管理体制和机制建设

常态下的管理、预防和非常态下的应急处置,是政府履行危机管理职能的两个重要方面,建立健全有效的危机预防和应急准备制度是做好突发事件应急处置工作的基础。我国政府将"居安思危,预防为主"作为一条重要工作原则,强化了危机预防管理职能,其中最重要的内容是建立应急预案体系。2004 年年初,国务院办公厅应急预案工作小组召开了国务院各部门、各单位制订和完善突发公共事件应急预案工作会议,部署应急预案编制工作。2005 年 5 月至 6 月,国务院印发四大类、25 件专项应急预案和 80 件部门预案,其中大多数预案是根据社会发展变化和客观形势的要求新制订的,基本覆盖了我国经常发生突发公共事件的主要方面。全国各省、自治区、直辖市的省级突发公共事件总体应急预案均已编制完成;各地还结合实际编制了专项应急预案和保障预案；许多市(地)、县(市)以及企事业单位也制订了应急预案。包括国家总体应急预案、专项应急预案、部门应急预案、地方应急预案、企事业单位应急预案五个层次的全国应急预案框架体系初步形成。另外，我国政府还积极组织开展了针对各种灾难和事故的应急演练，通过媒体加强应急救灾知识宣传，在学校开展危机教育，提高民众的危机意识和应对危机的能力。

除了危机预防和应急准备工作，我国政府还从以下几个方面加强了危机管理体制和机制建设：

(1)建立和完善危机预警机制。2005 年 7 月，国务院召开全国应急管理工作会议，提出要进一步建立健全社会预警体系和应急机制，提高政府应对突发公共事件的能力。如我国突发公共卫生事件预警机制的建设已经取得了较大的进展，提高了疫情报告的及时性，建立了信息相互通报的机制，增加了疫情信息的透明度，初步探讨了传染病的预警界值，尝试遥感监测和地理信息系统的应用等。

(2)设立常设性危机管理决策和执行机构，承担日常危机预防和突发性危机应对责任。《国家突发公共事件总体应急预案》规定，国务院是突发公共事件应急管理工作的最高行政领导机构，国务院办公厅设国务院应急管理办公室作为具体办事机构，履行值守应急、信息汇总和综合协调职责，发挥运转枢纽作用；2006 年 2 月，国家安全生产应急救援指挥中心成立；许多城市也成立了突发公共事件应急委员会、应急管理办公室、专项应急指挥部和应急保障组。这些常设性危机管理机构的成立，标志着我国的危机管理从被动应付向主动管理转变，综合协调的危机管理机制正在形成。

(3)建立应急信息系统，为危机管理提供有效的决策支持和信息沟通机制。在《国家中长期科学和技术发展规划纲要(2006—2020 年)》中，国家公共安全应急信息平台被列为公共安全领域内“任务明确、有可能在近期获得技术突破”的优先主题之一。部分领域(如地质、电力等)的应急信息平台正在加大建设力度，一些城市已经完成了城市应急信息平台的建设。

第二节　我国现代图书馆危机的界定、特点与分类

一、我国现代图书馆危机的界定

由于国内外文献对图书馆危机直接下定义者不多，即使有也多是将一般的危机定义移植到图书馆危机定义，所以，根据前面对危机所下的定义，在这里也可以先给现代图书馆危机下一个定义："现代图书馆危机是对图书馆系统造成严重威胁或破坏、需要图书馆人立即做出反应的高度震荡状态。"对这个定义特别需要说明的一点是，我们在这里将图书馆危机反应主体确定为图书馆人，而不单纯是图书馆决策者，是出于两方面的考虑：第一，图书馆危机需要决策者和执行者即所有图书馆人共同应对；第二，在形势十分危急，图书馆危机的决策者不在场或不能立即出场时，普通图书馆馆员必须立即承担起部分决策和执行任务。这两方面的考虑也正好反映了图书馆危机管理组织化、制度化、变通化的基本要求。

又因为我国图书馆界已经约定俗成地将图书馆的一些常态性问题也看成"危机"，如人才危机、经费危机、资源危机、技术危机、服务危机等，考虑到这些常态性问题如果长期积累确实会变成真正的危机，所以本书也认可将"对图书馆各项服务活动及其支持性业务和技术工作产生干扰和威胁，进而影响到图书馆持续健康发展的非正常状态"作为图书馆危机定义的一部分。

这样综合起来，本书就可以对我国现代图书馆危机给出一个比较全面的定义：现代图书馆危机是对图书馆系统造成严重威胁或破坏，需要图书馆人立即做出反应的高度震荡状态，以及对图书馆工作产生干扰或破坏，进而影响到图书馆发展，需要图书馆人持续关注的高度不确定性状态。

从这个定义中可以看出，我国现代图书馆危机包含了突发性危机和常态性危机两大类。突发性危机是指那种不可预测的、破坏和影响较大的、发生概率较低的、由人为或自然因素引发的灾难或灾害。由于这类危机的形态是显性的，故被认为是现代图书馆浅表层危机。常态性危机则是指图书馆系统自身发展过程中因各

种矛盾交织积累,产生的与社会系统不相适应并对图书馆有严重影响的情形。由于这类危机是由各种因素交互作用、逐渐积累而成的,其形态往往是隐性的,所以被认为是现代图书馆深层次危机。

二、我国现代图书馆危机的特点

我国现代图书馆危机具有危机的一般特点,即高度威胁性或严重破坏性、突发性和紧迫性、不确定性、牵连性、阶段性、聚焦性。除此以外,我国现代图书馆危机的特点和一般危机的特点相比还有一些特殊性,即还有一些深层特点。

(一)隐蔽性

相对于其他信息服务机构,图书馆有着更为悠久的历史,在当前网络信息资源极其丰富、搜索引擎检索信息非常方便、越来越多的人将网络作为信息获取第一来源的情况下,图书馆依靠长期积累起来的文献和信息资源,仍然留住了数量不少且相对稳定的读者和用户,这使得许多图书馆危机意识淡薄。而图书馆处于相对竞争并不太激烈的环境中,受制度保障的生存方式,历史积累的社会体制弊病的渗透,坐等读者和用户上门的服务方式,更使图书馆对危机的爆发和威胁不够敏感,对危机的反应有些迟钝;有的图书馆即便是在应对或处理危机时,往往也缺乏相应的紧迫感。这就可能使图书馆危机受到非危机化处理,导致图书馆危机在人为的“削弱”中被“隐蔽”。另外,图书馆作为非营利性的公益性服务组织机构,它所面临的生死存亡危机并不像企业那样频繁、明显,特别是分散在各部门、各系统的图书馆,大多还受到相应上级机构的“庇护”,危机表现经常不是那么直接。这几方面的原因,使得图书馆危机呈现出隐蔽性的特点。

(二)长期性

图书馆危机的长期性,其内涵主要包括:图书馆的许多危机是历史长期积累的结果,如人才危机、形象危机等,这些危机都不是一天两天就产生的,而是经过较长时间积累才逐渐显现的;部分危机在危机结束之后所需恢复时间较长,如火灾、水灾、地震造成的危机;部分危机要得到根本解决需要很长时间,如经费危机,它需要依靠国家的经济发展、图书馆法规政策保障、民众的需求拉动等来给予解决；还有一些危机影响时间较长，比如，资源危机，某些珍贵文献资料一旦损毁将永不存世，某些图书馆建筑是具有历史价值的遗产，如果损毁，将是人类文明永久的损失，其产生的影响远不是几个月、几年就可以消除的。

（三）复合性

随着图书馆系统复杂性的增强，利益相关性的增强，危机波及半径的扩大，图书馆危机越来越呈现出多种危机复合的特点，常常表现为一个事件引发多重危机等情形。

例如，近年来国家对各级图书馆开展评估达标工作，其中藏书量是一个重要的硬性指标，这造成不少图书馆为应付评估而突击采购文献，结果带来文献质量低劣、结构严重不合理等问题。最典型的是，2004 年年初，教育部印发《普通高等学校基本办学条件指标（试行）》（教发〔2004〕2 号），对高等学校图书馆的藏书量做出硬性规定。具体规定：一是生均藏书量，体育院校为 70 册，工科院校、农林院校、医学院校、艺术院校为 80 册，综合、师范、民族院校和文学、财经、政法院校为 100 册；二是生均年进书量，体育院校、工科院校、农林院校、医学院校为 2 册，综合、师范、民族院校和文学、财经、政法、艺术院校为 3 册。不少学校为了迎接上级的检查评估，不惜拨付“重金”，要求图书馆迅速补充馆藏图书，以达到规定的藏书量。但一些藏书量严重不足的高校图书馆却难以在短时间内科学规划图书馆的文献需求，做到与原有藏书结构的科学合理对接，但为了完成上级的检查评估任务，这些图书馆不得不盲目采购低质图书和不相关图书，大量增加图书馆藏书的复本量，从而造成了图书馆信息资源的极大浪费，而图书馆满足读者和用户文献和信息需求的能力却没有因为藏书的大量增加而得到相应的提高。这种情况引起了高校学生的普遍不满，对此，一些报刊媒体进行了客观的批评报道。虽然这种舆论监督有利于高校图书馆规范文献建设工作，但对高校图书馆形象却是一个很大的损伤，在某种程度上，它已经演化为舆论危机以及公众对高校图书馆的信任危机。从这个案例中我们很容易看到，本来是图书馆的文献采购问题，结果却引出了资源危机、服务危机、舆论危机、信任危机等，图书馆危机的复合性特点表现得非常明显。

(四)难恢复性

文献和信息资源是图书馆区别于其他信息服务机构的特色资源,也是图书馆核心竞争力的基础之一。一般来讲,文献和信息资源包括纸质文献、缩微文献、电子文献、网络文献等,面对战争、地震、洪水、火灾、计算机病毒、黑客攻击等,它们都具有脆弱性,如果在危机中损毁,将难以恢复。这种难恢复性主要表现为:第一,手稿、孤本、珍善本等具有文物价值、资料价值、艺术价值的文献一旦损毁,将无法恢复;图书馆信息资源数据一旦消失,如果没有本地或异地备份,将无法恢复。第二,损毁严重的文献将难以恢复原状。第三,馆藏资源损毁后,如果重新购买,可能无法买到几年或几十年前出版的文献。第四,图书馆不可能得到足够运营管理经费购买数量庞大的文献,以使馆藏恢复至危机前的状态。

三、我国现代图书馆危机的分类

我国现代图书馆危机的分类可以借鉴一般的危机分类,下面列举出几种危机分类观点。

鲍勇剑和陈百助在《危机管理——当最坏的情况发生时》一书中将危机分为八类:经济类、人力资源类、信息类、卫生健康类、政治类、物理类、名誉信用类、心理类。

乔河旺在《破解危机:学习型组织与危机管理的艺术与实务》一书中将危机按五种标准进行划分,即:①根据危机的外显形态可划分为显性危机与隐性危机;②根据危机同企业的关系程度及归咎对象的不同可划分为内部危机与外部危机;③根据危机给企业所造成损失的表现形态可划分为有形危机和无形危机;④根据危机产生的主客观原因的不同可划分为人为危机和非人为危机;⑤根据所发生危机的性质不同可划分为经营性危机和非经营性危机。

刘刚在《危机管理》一书中采用以下分类标准:①按照危机产生的诱因分类可分为外生型危机、内生型危机、内外双生型危机;②按照危机影响的时空范围分类可分为国际危机、国内危机、区域危机、组织危机;③按照危机发生的领域分类可分为政治性危机、社会性危机、宏观经济性危机、生产性危机、自然性危机;④按照危机发生和终结的速度分类可分为龙卷风型危机、腹泻型危机、长投影型危机、文火型危机；⑤按照危机情境中主体的态度分类可分为一致性危机、冲突性危机。

以上分类方法各有千秋，都为本书分析我国现代图书馆危机的类型提供了思路。

参考学者们对危机的分类，我国现代图书馆学研究者也探讨了我国现代图书馆危机的分类。例如，刘凤琴和王荣将图书馆危机分为四类，即人才危机、服务危机、经费危机、管理危机；朱华琴将图书馆危机分为六类，即人才危机、资源危机、经费危机、心理危机、安全危机、服务危机；庞恩旭将图书馆危机分为十类，即财政危机、人才危机、资源危机、社会危机、心理危机、管理危机、服务危机、形象危机、安全危机、突发事件危机；唐伟则将高校图书馆危机事件的类别分为资源型危机和事务型危机。由此可见，国内基本上都是按危机在图书馆内的发生领域来进行图书馆危机分类的。

而国外对图书馆危机的分类，主要是从灾害对图书馆的破坏或影响这一角度进行的，比如分为火灾、水灾、地震、台风等，这与他们对图书馆危机的认识更侧重于灾害是一致的。

为使图书馆危机分类更加明晰化，本书在这里尝试分别以危机诱因、危机发生发展特点、危机发生领域、危机中主体的一致性态度等为依据，对图书馆危机进行多种方式的分类，得出图书馆危机的类型如表 6-1 所示。

表 6-1　图书馆危机的类型

分类标准	危机类型		危机表现
危机诱因	主客因型	自然诱因型	干旱、洪水、地震、台风、雷击、虫灾等自然灾害造成图书馆建筑、设备及文献和信息资源严重损毁,甚至造成人员伤亡,无法继续开展正常服务
		人为诱因型	吸烟造成火灾;不合格的馆舍建筑引发坍塌事故、雷击火灾等;服务态度不好、收费不合理等引发媒体大量负面报道
	内外因型	外部诱因(外生型)	自然灾害、战争、传染疾病、社会动荡等造成图书馆损毁或无法正常服务
		内部诱因(内生型)	图书馆内部问题如馆舍的安全隐患、管理不善及服务问题等引发的危机
		内外诱因(内外双生型)	在内外双重力量的互动中产生危机,如内部问题经外部报道后引发危机
危机发生发展特点	突发型		来势猛,让人措手不及,如地震、火灾
	一波三折型		由一个危机而引出多个危机“燃点”,它主要是由于图书馆处理不当而反复出现
	缓慢型		图书馆长期积累的弊病,它不在一时爆发,也不在一时结束,处于危而待发状态,如经费危机、服务危机、人才危机等

续　表

分类标准	危机类型	危机表现
危机发生领域	经费危机型	现有投入过少以致无法维持正常运转、政府预算投入大幅度减少等
	资源危机型	资源严重不足、资源结构严重不合理、资源长期大量闲置、资源保护乏力造成珍贵古籍严重损毁等
	服务危机(含形象危机)型	服务态度不好、服务制度不合理(如服务时间太短、不合理收费)、服务水平低等造成读者和用户不满,引起媒体的集中、连续、跟踪报道,产生大量负面评论,形成强大舆论攻势,图书馆形象严重受损等
	人才危机型	专业人员紧缺、人才大量外流等
	法律危机型	采购回扣中出现商业贿赂、侵犯知识产权、侵犯读者和用户隐私等卷入法律官司不能自拔;图书馆法律法规中出现不利于图书馆发展的规定
	安全危机型	自然灾害引发的火灾水灾安全危机;恐怖分子、匪徒劫持人质或实施爆炸;国际国内战争;病毒袭击计算机系统,造成数据大量丢失,系统瘫痪
	可持续发展危机型	建筑陈旧老化、安防设施落后或缺失,但无力整改或整改不达标,因而被相关部门勒令闭馆;经费大幅度缩减;读者和用户数量急剧减少,图书馆被边缘化;其他信息服务行业竞争优势明显,使图书馆可被替代;国际国内图书馆行业整体不景气
	其他危机型	与社会系统有关的其他危机,如广东省中山图书馆拆迁北斋建筑群建新馆所引发的新闻舆论压力、民众抗议、政府关注等

续　表

分类标准	危机类型	危机表现
危机中主体的一致性态度	一致性危机型	危机状态中的主体形成利益共同体,共同应对危机,如面临自然灾害时各方面的态度
	冲突性危机型	危机状态中出现不同利益群体和不同利益诉求,而且这种诉求往往极端对立、矛盾、冲突,易形成对峙的紧张状态

第三节　我国现代图书馆危机管理的实践

一、我国现代图书馆危机管理的界定

现代图书馆危机管理是对图书馆危机事前、事中、事后进行全面全程监控处理的连续过程,它是一个系统工程,不等同于单一的危机处理,也不等同于危机公关。真正的图书馆危机管理不仅在危机事件出现时实施,更在未有危机爆发时实施。它包括危机管理的组织、制度、流程、策略、计划、决策等,涉及培养危机意识、组建职能部门、侦测并处理危机因子、建立危机预案和预警系统、处理危机事件、危机恢复、事后总结及学习改进等诸多方面。

目前,我国现代图书馆危机管理主要停留在理论探索层面,实践方面还相对薄弱。显然,没有实践的图书馆危机管理研究是不完整的,也是无法持续的。若要改变这种现状,当务之急是传播现代图书馆危机管理理念。只有这样,在现代图书馆危机管理的两个维度中,实践维度才能生长,理论维度才有必要存在。当然,现代图书馆危机管理的实践维度和理论维度这两个维度并不是孤立绝缘的,而是相辅相成的,现代图书馆危机管理实践是现代图书馆危机管理理论的基础,现代图书馆危机管理理论则是现代图书馆危机管理实践的提炼升华,只有二者实现互动,现代图书馆危机管理的价值才能真正体现。

二、开展现代图书馆危机管理的必要性

图书馆作为提供信息服务的公益性服务组织机构，与社会发展的大环境密不可分，因此在其自身的发展过程中也必然会遇到各种各样的危机事件。将图书馆危机管理置于现代社会背景体系下进行分析，能够凸显图书馆危机管理在社会发展体系中的重要作用。

图书馆作为一个开放的有机体，总是与周围的环境产生着物质、能量、信息的交流与联系，社会大环境的变化必然会对图书馆的发展产生重要影响，这是毫无疑问的。比如社会政治大环境、社会经济大环境、社会信息大环境等，无疑都将对图书馆的发展产生影响。反过来，图书馆作为社会大系统中的重要组成部分，虽然并不能直接对社会政治的变革和国民经济的增长产生贡献，但因为它具有向社会提供信息保障的功能，其生存和发展的状态也会对社会大系统产生影响。而存在于社会大环境中的图书馆，面对社会环境的变化所不断出现的不相适应性，以及图书馆自身矛盾运动所不断引发的各种问题，都有可能演变为各种危机事件，而且危机事件的出现频率在当下和未来还会越来越高。这样，图书馆能否对自身所面对的危机进行管理，以及现代图书馆危机管理的有效程度如何，都将直接或间接影响整个社会大系统的协调发展。

产生这种状况的原因在于，随着社会的发展，图书馆面临的矛盾在不断增多。第一，供给与需求的矛盾，“供不应求”与“供而不求”并存。“供不应求”的矛盾表现为：①国家对图书馆事业的运营管理经费投入不能满足正常的资源购买需求；②图书馆提供的文献和信息资源及馆舍空间资源不能满足读者和用户的需求；③图书馆设置的数量不能满足社会的需求。而“供而不求”的矛盾则表现为：①部分图书馆少有人问津，“门庭冷落车马稀”；②越来越多的读者和用户转向网络获取信息资源，对图书馆的依赖度降低；③国民文字阅读率持续下降，网络阅读逐渐兴起。第二，滞后的管理理念、淡薄的服务意识与公民的纳税人意识觉醒的矛盾。在这些复杂的矛盾中，我国的图书馆逐渐走到了风口浪尖。具体来讲，造成这种状况的原因主要有：

(1)我国公共图书馆事业相对薄弱。总体来看,我国公共图书馆运营管理经费匮乏,数量偏少,资源不足,建制僵化,与国际水平差距较大,已经远不能满足日益增长的社会需求。

(2)图书馆长期积累的部分问题。由于历史原因,图书馆积累了部分问题,如体制问题、经费问题、人才问题、管理问题、技术问题、服务问题、安全问题等。这些问题在高速运转的社会中存在,使得图书馆与公众的矛盾加剧、冲突凸显,加之社会透明度的增加,这些问题就由后台走到了前台,图书馆服务逐渐成为人们关注的话题。

(3)图书馆功能性缺失。信息时代,不仅信息的时效性增强,信息的数量也成几何级数增长,相应地,公众对信息需求的速度、广度、深度也有了更高要求。这对于图书馆本是一种机遇,但强烈的需求与相对落后的基础设施、不满意的服务现状却形成了强烈反差。公众在对图书馆服务失望后,必然对其提出质疑,由质疑图书馆的高进入门槛、不合理收费、不友好服务、稀少的资源到质疑图书馆存在的合理性,其范围之广可谓空前。这本来是图书馆没有充分实现自身价值而带来的功能性缺失问题,但它却可能动摇图书馆存在之根本,威胁图书馆的可持续发展。

(4)公民的纳税人意识和权利意识觉醒。越来越多的人意识到享受公益性服务是公民的权利。公民权利意识觉醒后,就会对长期执行的图书馆收费制度产生质疑,对高校图书馆是否应该对公众开放等问题展开讨论。

(5)媒体的聚焦作用。在网络时代,各大媒体不断转载报道同一事件,那么,这一事件就容易成为人们关注的焦点,并进而演化为一个公共话题。此外,网络为人们谏言议事提供了公共平台,它已成为人们畅谈媒体聚焦事件的最便捷渠道,起到了延伸争论、扩展争论、升级争论的作用。作为提供信息服务的公益性服务组织机构,图书馆也就不免成为其中的一员。

此外,各种自然灾害和水火电气等引起的灾难事故、网络与计算机系统的故障等,也对图书馆的安全形成了极大的威胁。一旦遇到这些方面的突发事件,如果没有采取妥善的应对措施,就会使图书馆陷于混乱,轻则不能维持正常工作,重则会影响整个图书馆行业的形象和声誉。

总之,图书馆在其发展过程中必然面临诸多可预见和不可预见的或来势迅猛或长期潜伏的危机。危机无处不在,只不过因危机性质及发展周期的不同,其出现的频率或破坏程度有所区别。也就是说,图书馆现在所面临的已经不是有无危机,而是应该如何应对危机的问题了,过去那种“兵来将挡,水来土掩”“头痛医头,脚痛医脚”应对图书馆危机的方式,在当今复杂的社会环境下也早已经不适用了。只有采用科学的危机管理方法,才是预防和应对图书馆危机的最佳选择。

我国现代图书馆危机管理一方面要求图书馆作为一个社会组织机构,面对各种灾害危机或突发公共危机,有责任依据相关的法律文件,如《公共文化场所和文化活动突发事件应急预案》,采取科学的决策和行动,配合有关部门积极、稳妥地加以应对;另一方面要求图书馆对自身原因可能引起的各种危机事件,也要有预防和应对能力。《国家突发公共事件总体应急预案》规定,企事业单位根据有关法律法规制订的应急预案是国家突发公共事件总体应急预案体系的组成部分之一,作为一个为公众提供信息服务的公益性服务组织机构,图书馆也有义务加强安全管理工作,建立危机管理的有关制度,制订相应的应急预案,以有效地预防和应对各种危机,保护国家财产安全及读者和用户的生命安全。在国家突发公共事件总体应急预案体系的六个层次中,“企事业单位应急预案”确立了企事业单位是其内部发生的突发事件的责任主体,显然图书馆也必须建立危机应急预案,这是国家应急管理体系中的一环,也是我国现代图书馆危机管理的题中之意。

随着世界发展局势的复杂化、网络化、信息化、媒介化以及人们实践的广域化,出错的概率变得越来越大,出错导致的影响变得越来越广,连锁反应变得越来越多,使得危机越来越不可避免。正如有学者所言:“如果世界的高复杂性增加了危机发生的概率,世界的高连接性导致了危机发生的广度和深度的话,世界的高曝光性则使得原来可以悄悄处理掉而不成为危机的事件最后变成了一场万人瞩目的高危机事件。”那么,在“高风险社会”中,危机管理就成为人们应对危机不可或缺的“利刃”。

由此可以得出结论:必须强化现代图书馆危机意识,重视现代图书馆的危机管理。

三、我国现代图书馆危机管理策略

(一)我国现代图书馆危机风险的识别与防控

我国现代图书馆危机管理主要是在日常工作中对图书馆的潜在危机进行管理,目的是预防危机的发生,并预先采取措施以减少危机发生给图书馆带来的损失和提高图书馆的危机恢复能力。因此,对危机风险的识别与防控,是图书馆危机管理最重要的内容。

任何组织都面临着危机,但是由于组织性质和所处环境的不同,组织面临的危机又是各不相同的,组织进行危机管理时首先要识别自身面临的危机风险有哪些,并确认这些风险的性质。如果不能准确地辨识组织可能面临的危机,组织就无法对可能发生的危机采取预防和控制措施,组织的危机管理就无从谈起,而且当危机真正发生时,组织的危机管理就会十分被动。

对图书馆的危机风险进行识别是图书馆危机管理的起点。对于不同类型、不同规模、不同地区的图书馆来说,有必要根据本馆的实际情况对本馆可能发生的危机进行更加深入而具体的确认。这方面内容可以纳入图书馆危机管理的战略规划中实施,由图书馆专门的危机管理部门或由各部门人员组成的危机管理团队负责,通过对图书馆馆内馆外环境的分析、对图书馆馆内曾经遭受的危机事件的评估、对业内专家进行咨询等途径予以完成。同时,图书馆对危机风险的识别还应坚持动态性的原则,不能在一次识别之后就保持长时间不变化,因为随着图书馆馆内馆外环境的变化,危机风险也在不断发生变化,不但图书馆中各种危机发生的可能性和危机可能造成的影响会发生改变,而且危机的类型也可能会发生改变。例如,在《信息网络传播权保护条例》颁布之前,图书馆可以不为某些依托网络进行的数字化信息传输担负侵权责任,而当该条例生效实施之后,图书馆从事同样的活动就有可能受到侵权行为的指控。

在对危机风险进行识别之后,图书馆的下一步工作就是要决定采取什么样的措施进行危机风险的预防和控制。危机风险的预防和控制有两个目的,一是从源头上避免危机的发生或减少危机发生的可能性,二是预先采取措施降低危机发生时可能造成的损失。图书馆面临的危机各种各样，无法用统一的方法去预防和控制所有的危机风险，只能根据各种危机的不同情况采取相应的预防和控制措施。同时，危机的预防和控制措施还要有成本与效益的分析，要采用成本效益分析结果中对图书馆最为有力的措施。当危机发生概率较大、危机可能造成的损失非常严重或对危机风险进行控制的成本超过其产生的收益时，图书馆最好采用回避危机风险的策略，即避免该危机的发生，使危机发生的概率变为零。例如，为了避免火灾对图书馆馆藏和人员造成威胁，图书馆制订严格的规章制度和工作程序，使图书馆远离容易引发起火事件的风险源和不利环境。而当危机风险无法回避，或者危机风险回避具有不经济性时，图书馆就要考虑采用危机风险转移的策略，将图书馆危机风险可能造成的损失转由其他组织承担。例如，通过购买商业保险将图书馆在自然灾害或人为事件中产生的损失上报保险公司，由保险公司进行偿付。最后，当危机风险无法回避、无法转移或者回避和转移都不经济的时候，将危机风险接受下来则是较为明智的选择。这并不是一种被动的管理行为，而是通过改善风险的特征，图书馆可以使接受风险成为一种有利的行为。例如，为了减少火灾造成的损失，图书馆事先与所在地的消防单位和医疗卫生机构达成协议，要求这些机构在火灾发生时能够快速有效地组织力量救援，这就在一定程度上保证了将火灾风险对图书馆造成的损失控制在最小的范围之内。

（二）我国现代图书馆危机管理计划的拟订

图书馆在对本馆面临的危机风险进行识别之后，如果仅仅是就危机风险采取预防和控制措施，那是远远不够的，还需要对危机发生时图书馆如何有效地应对危机做出设想和安排，即事先制订一个图书馆危机管理计划。有实验表明，如果危机在一个组织中爆发，则危机对该组织的困扰时间平均为 8.5 周。此后，危机留下的后遗症对该组织还会持续大约 8 周时间的影响。那么，如果要缩短危机对组织的影响时间，就需要对危机管理有一个计划。如果没有危机管理计划，那么这个组织受到危机困扰和波及的时间将会比有危机管理计划的组织长 2~5 倍，这足以说明危机管理计划的重要性。

现代图书馆危机管理计划是描述图书馆危机阻止和准备过程，以及图书馆危机发生后危机应对和恢复措施的制式文件。有效的图书馆危机管理计划能够在很大程度上降低危机发生的概率以及危机发生后各方面及时采取有效的行动。图书馆危机管理计划能够在整个危机管理过程中起到以下几方面的作用:①为人们提供一个工作框架,以便在其范围内进行危机管理的相关活动;②要求人们集中关注焦点并提前监测、预知所存在的潜在危机,从而在危机爆发前采取相关措施进行危机规避;③能提供整个危机管理的清晰程序,并能帮助人们明确其在危机管理中的角色和责任;④计划的制订是图书馆关注目标、馆藏及图书馆馆员等方面职责的一个积极证明,它展示了危机管理的灾害控制计划部分以及整体上的操作流程等。图书馆制订危机管理计划的作用就是给图书馆馆员提供一个从事危机管理相关活动的可以遵循的指南,帮助其在日常工作中尽可能规避危机的发生,并在危机发生后迅速而有序地组织危机的应对和恢复工作。

从内容上看,完善的危机管理计划一般由一些独立而相互关联的子计划组成。按照危机生命周期理论中事前、事中和事后三个阶段的划分,相应的危机管理子计划可以分为危机阻止计划、危机准备计划、危机应对计划以及危机恢复计划,这些子计划要分别对危机防范、危机反应和危机恢复等工作的内容、方法、工作团队建设等给出具体的实施指导。同时,图书馆可以利用的危机处理设备、危机管理小组、图书馆馆内负责人的联系方式、图书馆外危机应对机构的通信方式等,也是危机管理计划的重要组成部分。另外,危机管理计划还必须对有可能受到危机影响的所有方面予以考虑,这些方面包括图书馆馆员及读者和用户在内的全体人员、各种类型的馆藏文献和记录、图书馆建筑设施和设备等。因此,一个周密的图书馆危机管理计划需要具备以下要素:对图书馆危机管理和危机管理计划重要性的表述;对图书馆的危机风险进行分析;对认为是图书馆危机并可能引起危机管理计划实施的事件或情境进行清晰而明确的定义;明确图书馆的危机管理目标;确认危机处理过程中各环节的具体人选,明确人选的分工与各自职责,包括人员的电话、传真和手机号;危机事件中的应对程序,包括同消防、医疗、公安、运输等救援部门的联络方式;在危机中需要立即采取的步骤,如需要联系的人员和危机管理团队的集合地点;危机事件中需要接触的新闻媒体,包括平常建立了良好关系的媒体负责人的电话、传真等,以及图书馆新闻发言人名单等。

(三)我国现代图书馆危机培训与演习

为了加强图书馆的日常管理,提高图书馆馆员的危机意识,图书馆有必要对图书馆馆员进行危机培训。危机培训的意义在于让图书馆馆员了解导致危机发生的因素以及这些因素是如何导致危机发生的,从而提高图书馆馆员对危机风险源的警惕性,并减小危机发生的可能性。同时,通过针对危机处理技能、程序和方法等方面的学习,有利于增强图书馆馆员在危机中的反应能力,以减少危机对图书馆各方面造成的不利影响。

危机培训要针对图书馆全体馆员展开,而不仅仅是危机管理团队的成员。在培训的内容上,首先,要让图书馆全体馆员了解危机管理的目的并学习危机管理的基本理论,树立危机管理的观念和意识,为危机管理实践打下基础。在具体操作层面,则要明确每个图书馆馆员在紧急情况下的职责和行动步骤。可以让各职能部门的馆员在危机中承担与日常本职工作内容相近的职责,这样在危机处理中因为有丰富的工作经验而有利于提高反应能力。各个危机职责岗位应当至少配备一名图书馆馆员接受培训。其次,要训练图书馆馆员如何消除沟通障碍以及如何在危机的压力下进行有效的沟通,使其掌握沟通技巧,从而保证危机发生过程中信息快速而准确地传递。再次,要通过培训让图书馆馆员了解危机处理设备的操作方法和紧急情况下阻止危机影响进一步扩大的方法,例如,使用消防工具扑灭火灾、打包水湿文献进行冷冻升华等。最后,还要让图书馆馆员清楚地知道危机发生后首先需要与哪些人员取得联系以及危机救援机构的联络方式等,这也应该是危机培训的重要内容。在培训方式上,图书馆可以选择专家授课、小组学习、案例分析、动手操作等形式。通过多种培训形式的综合运用,务求使图书馆全体馆员在生动的学习过程中加深对危机风险源以及危机管理的认识,掌握必要的危机处理方法和应对技能。

但是,仅仅在图书馆正常状态下组织图书馆馆员进行危机管理知识和技巧的培训是远远不够的,因为危机发生时的状态毕竟与图书馆的正常状态有很大的差别,图书馆馆员如果没有接触过危机情境,对危机就会缺乏感性认识,是难以深刻理解危机中出现的各种情况的；而处理危机所特有的技能、知识和心理，在图书馆正常状态下又是难以进行有效培训的。因此，图书馆还需要模拟危机情境组织图书馆馆员进行危机演习。

危机演习也是危机培训方式的一种，这种方式往往通过对危机情境的真实模拟来使被培训者获得身临其境的心理状态和对危机的直观感受，可以让被培训者较好地理解危机发生和发展的全过程，减少对危机的恐惧感，熟练地掌握危机处理的基本技能和危机处理的有关知识。这样，当危机真正发生时，图书馆馆员就可以对熟悉的情境快速采取相应的处理措施，节约危机反应的时间。演习过程也是培养图书馆馆员合作精神与合作能力的过程，通过在演习中共同应对紧急状况，可以了解其他人员在危机管理中承担的不同职责与使命，熟悉各自的工作风格和方法，有利于在危机管理中开展有效的合作。另外，演习的另一个重要目的是检验危机管理计划是否有效。通过将危机管理计划付诸实施，来检查计划的可行性和计划中可能存在的不合理之处，从而对计划进行调整与改进，使其更符合实际。

危机演习应该是针对危机发生发展的整个情境的演习，应包括某一类型的危机事件中有可能涉及的所有因素，例如，水灾事件中的人员、资料安全、现场清理、对受灾资料打包、干燥处理、资料移动情况的记录等，这些都是演习中需要进行模拟练习的工作环节和程序。考虑到进行整体性演习时间、费用与精力的消耗较大，不可能经常进行，图书馆可以以责任区为单位进行小组演练，如开架阅览室、电子阅览室、书库、保安、对外宣传部门等，在各自的职责范围内开展局部的情境演练，待各部门对相应的危机处理方法和程序有了较好的掌握之后，再集中起来进行全馆的整体性演练，同样能够达到很好的效果。同时，演习过后的评估和经验分享也是十分重要的环节，在这一环节中，图书馆馆员可以对自己在演习过程中所学到的新技能和新知识进行总结，并通过与其他图书馆馆员的交流，获得对图书馆危机管理更加深入的理解和对自身状况需要进一步改进之处的认识。

（四）我国现代图书馆危机预警系统的建立

提前发现危机可能发生的征兆可以有效对危机进行预防。现代图书馆危机预警系统的建立，有助于图书馆危机管理职能部门及时地收集与评判有关图书馆危机的各种信息,提前发出危机警报。所谓危机预警,就是图书馆采用定量与定性相结合的方法,对危机的诱因及危机的征兆进行事先的监测与评判,并由此发出危机警示的管理活动。危机预警系统一般由信息收集子系统、信息加工子系统、决策子系统和警报子系统构成。其工作原理是:通过对有关危机风险源和危机征兆等信息进行收集,并对这些信息进行整理及识别,剔除那些干扰信息和虚假信息,把各种不容易直接判断是否引发危机的信息转化成一些简单、直观、可以测量的信号或指标,同时确定危机预警标准,以便随时根据信号或指标的变动情况向图书馆发出危机警报。

要在图书馆内部建立起危机预警系统,有一系列的工作要做。首先,需要分析危机环境,即通过汇集图书馆过去曾经经历过的危机和国内外同行或类似信息服务组织机构已经发生过的危机的资料,分析这些危机发生时的条件、成因及背景,并结合对近期社会环境因素变化所做的相关分析,从中判断是否有危机风险源和危机发生前的征兆。其次,邀请危机管理专家和图书馆馆员一起参与评估,以确定危机征兆与危机发生的关联程度。最后,还要根据评估结果确定危机监测的内容和指标,并确定危机预警的标准和临界点。在这些工作中,最关键的工作是建立危机预警的指标体系。

危机预警指标体系的建立要坚持连续性和稳定性的原则,即建立指标所需要的信息是可以持续得到的,并且各种指标应当保持相对的稳定性,不能因为环境的不同而出现明显不同的解释;同时,指标又要具有直观性和可测量性,即危机预警系统中的每一个指标的评测结果都可以促使图书馆按照指标的内容和自身情况向避免危机的方向改进,而且通过指标的计量可以将危机信息转化为能够量化的结果。例如,将图书馆读者和用户的调查问卷数据转化为读者和用户对图书馆服务评价的满意度等。

首先,在危机预警系统的搭建方面,需要组织有关专家来确定具体应该选择什么样的危机预警系统,应该采取哪些技术、设备、程序等,并对危机预警系统的性能做出评估,以便采取措施进行维护、改进。

其次,当危机预警系统投入使用后,还要为危机预警系统的操作和维护配备专门的人员,制定相应的规章制度,将信息收集、加工等作为程式化的工作内容固定下来,这是图书馆日常工作中对危机风险因素进行不间断监测的基本要求。图书馆可以指定专门的人员来负责收集与本图书馆相关的信息。信息收集的途径既要着眼于以报纸、电视、广播等为代表的大众媒体、互联网、读者和用户意见反馈等外部渠道,也要着眼于图书馆自身的工作报告、统计数据等内部渠道。

最后,还要将危机预警系统的工作原理和使用方法传授给图书馆馆员,使他们能够理解危机警报的内容和特征,并在收到危机警报时选择正确的反应措施,以便为我国现代图书馆危机的处理打下坚实的基础。

参考文献

[1] 于瑛. 现代图书馆管理体系研究[M]. 哈尔滨:东北林业大学出版社,2016.

[2] 王宁,吕新红,哈森. 图书馆管理与阅读服务[M]. 北京:光明日报出版社,2017.

[3] 付立宏,袁琳. 图书馆管理学[M]. 武汉:武汉大学出版社,2010.

[4] 刘兹恒. 图书馆危机管理手册[M]. 北京:国家图书馆出版社,2010.

[5] 阮冈纳赞. 图书馆学五定律[M]. 夏云,王先林,等译. 北京:书目文献出版社,1988.

[6] 于桂兰,魏海燕. 人力资源管理[M]. 北京:清华大学出版社,2004.

[7] 吴慰慈. 图书馆学概论[M]. 北京:国家图书馆出版社,2008.

[8] 谢灼华. 中国图书和图书馆史[M]. 武汉:武汉大学出版社,2005.

[9] 李希泌,张椒华. 中国古代藏书与近代图书馆史料[M]. 北京:中华书局,1982.

[10] 任继愈. 中国藏书楼[M]. 沈阳:辽宁人民出版社,2001.

[11] 徐国华,张德,赵平. 管理学[M]. 北京:清华大学出版社,1998.

[12] 王利平. 管理学原理[M]. 4 版. 北京:中国人民大学出版社,2017.

[13] 杨晓海. 创造力管理[M]. 北京:国防工业出版社,2006.

[14] 李垣. 管理学[M]. 北京:高等教育出版社,2007.

[15] 姬定中,孙亚辉. 管理学[M]. 北京:科学出版社,2007.

[16] 刘喜申. 图书馆管理——协调图书馆人行为的艺术[M]. 北京:北京图书馆出版社,2002.

[17] 朱华平,高健. 图书馆学通论[M]. 北京:中国文史出版社,2003.

[18] 吴恒梅. 现代图书馆管理理论与实践[M]. 广州:世界图书出版广东有限公司,2012.

[19] 鲍林涛. 图书馆管理学[M]. 北京:学苑出版社,1989.

[20] 潘寅生. 图书馆管理工作[M]. 北京:北京图书馆出版社,2001.

[21] 倪波,荀昌荣. 理论图书馆学教程[M]. 北京:国家图书馆出版社,2013.

[22] 朱德武. 危机管理:面对突发事件的抉择[M]. 广州:广东经济出版社,2002.

[23] 刘刚. 危机管理[M]. 北京:中国经济出版社,2004.

[24] 薛澜,张强,钟开斌. 危机管理——转型期中国面临的挑战[M]. 北京:清华大学出版社,2003.

[25] 阎梁,翟昆. 社会危机事件处理的理论与实践[M]. 北京:中共中央党校出版社,2003.

[26] 秦启文. 突发事件的管理与应对[M]. 北京:新华出版社,2004.

[27] 鲍勇剑,陈百助. 危机管理——当最坏的情况发生时[M]. 上海:复旦大学出版社,2003.

[28] 刘凤琴,王荣. 论现代图书馆的危机管理[J]. 现代情报,2004(12):93-94,97.

[29] 朱华琴. 危机管理:现代图书馆必须面对的新课题[J]. 兰台世界,2006(3):68-70.

[30] 庞恩旭. 试论我国的图书馆危机与危机管理[J]. 四川图书馆学报,2005(1):10-12.

[31] 唐伟. 高校图书馆危机管理工作的类别及其应对原则[J]. 成都大学学报(社会科学版),2004(4):65-66.

[32] 刘兹恒,潘梅. 图书馆危机管理的基本概念及内容[J]. 图书与情报,2007(2):32-37,41.

[33] 乔河旺. 破解危机:学习型组织与危机管理的艺术与实务[M]. 济南:济南出版社,2003.

[34] 程实. 我国高等院校图书馆危机管理对策研究[D]. 沈阳:东北大学,2008.